湖南省教育厅科学研究项目，健康中国背景下青少年体育锻炼多主体协同治理模式及实现路径研究，湘教通[2020]264号，20A468

青少年运动锻炼与健康促进方法

罗少松　著

全国百佳图书出版单位

化学工业出版社

·北 京·

内 容 简 介

本书主要介绍青少年健康的基本概念和衡量标准、健康促进的内涵和基本构成、运动锻炼与健康促进的基本原理与方法、运动锻炼对青少年身心健康的促进作用、青少年身体素质测评方法、日常膳食和健康促进的关系，登山、游泳、跳绳、太极拳等运动的具体锻炼方法和细节，运动锻炼时如何避免受伤以及受伤后如何进行救助。书中对青少年增高、肌肉训练和耐力训练也有所涉及。

本书可供大中小学体育老师、体育教育专业的学生和青少年运动爱好者参考。

图书在版编目（CIP）数据

青少年运动锻炼与健康促进方法 / 罗少松著 . —北京：化学工业出版社，2023.5
ISBN 978-7-122-43032-8

Ⅰ.①青… Ⅱ.①罗… Ⅲ.①青少年－体育锻炼－关系－健康－研究 Ⅳ.①G806

中国国家版本馆CIP数据核字(2023)第039634号

责任编辑：彭爱铭　　　　　　　　　　文字编辑：张晓锦
责任校对：边　涛　　　　　　　　　　装帧设计：溢思视觉设计 / 姚艺

出版发行：化学工业出版社（北京市东城区青年湖南街13号　邮政编码100011）
印　　刷：三河市航远印刷有限公司
装　　订：三河市宇新装订厂
710mm×1000mm　1/16　印张11　字数167千字　2023年6月北京第1版第1次印刷

购书咨询：010-64518888　　　　　　　售后服务：010-64518899
网　　址：http://www.cip.com.cn
凡购买本书，如有缺损质量问题，本社销售中心负责调换。

定　　价：59.00元

前言

PREFACE

青少年作为一个国家的希望与未来,其健康水平成为了各个国家都重视的问题。对青少年实施有效的健康促进,既是一项长期的战略目标,又是一项紧迫的现实任务。我国学校教育的发展战略更是把青少年全面健康成长作为主题,并为此进行了长期不懈的努力。大量研究发现,科学合理的运动锻炼对青少年健康促进起到了极其重要的作用。

促进广大青少年积极地参与到运动锻炼当中,切实提升青少年的体质健康水平,已经成为全社会的共识。笔者顺应提高青少年健康水平的需要,充分地分析了影响青少年体质健康的多方面因素,详尽地解读了青少年运动健康促进的基本理论,围绕着青少年运动锻炼与健康促进方法进行编写。本书分为六章。第一章是健康与健康促进,内容包括健康的基本概念分析、健康的衡量标准和价值研究、健康促进的内涵和基本构成、健康促进研究与实践现状等;第二章是运动锻炼对青少年的重要作用,主要包括体育的本质和功能、青少年体育运动锻炼现状分析、运动锻炼的身心效益;第三章是青少年健康促进的运动锻炼路径,主要包括运动锻炼与健康促进的基本原理、基本原则与方法,青少年运动锻炼促进健康的注意事项,青少年身体素质测评研究;第四章是青少年健康促进构成研究,内容包括青少年心理健康及健康促进、青少年生活习惯及健康促进、青少年体育锻炼及健康促进、青少年平衡膳食及健康促进等;第五章是健康促进的运动设计与常见的锻炼方式,内容包括青少年健康促进运动设计与实施、登山运动与健康促进、游泳运动与健康促进、跳绳运动与健康促进、太极拳运动与健康促进;第六章是青少年运动锻炼的安全控制研究,主要包括青少年运动锻炼安全概述、运动锻炼中常见的不良反应及应对措施、运动锻炼中常见的损伤及救治措施。

在本书的撰写过程中,笔者查阅了大量文献资料,尽可能收集国内外研究者的最新成果,并特别注意将简便易行、准确合理、适合青少年应用的运动健康促进方法收录书中,以帮助和引导青少年获得理想的体质健康水平。由于笔者水平所限,不足之处在所难免,在此恳请各位专家、读者不吝赐教。

罗少松

2022年9月

第一章　健康与健康促进

第二章　运动锻炼对青少年的重要作用

第三章　青少年健康促进的运动锻炼路径

第四章　青少年健康促进构成研究

目录

CONTENTS

第一章

健康与健康促进

人类有了健康才能生存，才能发展。健康是生命的基石，是对社会、对自己、对亲人的责任，是人们存在的最佳状态。21世纪以来，人们对这个问题的认识和重视程度前所未有。俗话说："病来如山倒，不如预防早。"这句话提醒我们预防疾病和维护健康的重要性。21世纪，人们追求健康是大趋势，有了健康才能轻松迎接新世纪的挑战。而作为祖国的未来，青少年的健康情况更应该得到广泛的关注。

第一节　健康的基本概念分析

一、健康的定义

健康的定义与科学进展密切相关。世界卫生组织（WHO）一成立就提出了健康的概念，明确指出：健康不仅是机体没有疾病和虚弱，而且在躯体上、心理上及社会适应能力上都处于一种完美的状态。人体的健康分生理健康、心理健康及社会适应健康三个层次，并且后面的健康层次是以前面的健康层次为基础而发展的更高级的健康层次。传统的健康观是"无病即健康"，现代人的健康观是整体健康。现代人的健康内容包括：躯体健康、心理健康、心灵健康、社会健康、智力健康、道德健康、环境健康等。健康是人的基本权利，是人生最宝贵的财富之一；健康是生活质量的基础；健康是人类自我觉醒的重要方面；健康是生命存在的最佳状态，有着丰富深蕴的内涵。

二、健康的标准

根据WHO对健康的定义，健康的标准可概括为以下三点。

1. 躯体健康

躯体健康是指人的肌体及其生理功能方面的健康，包括身体发育正常，体重适当，体形匀称，眼睛明亮，头发有光泽，皮肤有弹性，睡眠好，能够抵抗一般性感冒和传染病等。

2. 心理健康

心理健康是指人的精神、情绪和意识方面的良好状态，包括智力发育正常，自我人格完整，心理平衡，有正确的人生目标和较好的自控能力，精力充沛，情绪稳定，处事乐观，能从容不迫地应对日常生活的压力和繁重的工作而不感到过分紧张与疲劳，思想和行为符合社会准则及道德规范，与周围环境保持协调，具有追求健康文明生活方式的主观愿望和自觉行动，能够对健康障碍采取及时、合理的预防、治疗和康复措施。

3. 社会适应性良好

社会适应性良好是指人的外显行为和内隐行为都能适应复杂的社会环境变化，能为他人所理解，为社会所接受，行为符合社会身份，与他人保持正常的人际关系。同时，还应该接受良好的文化教育，掌握与自身发展和社会进步相适应的科学知识或专业技能，培养从事生产、劳动及其他社会事务的综合素质，不断丰富人生经历，积累人生经验，增强社会适应能力。

以上三条，体现了健康所包含的躯体、心理的完好状态和社会适应能力三方面的内容。

对现代健康的理解，一般来说还要包括以下几个方面。

（1）快食 所谓快食，就是食欲旺盛，吃得痛快。一日三餐，饮食规律，感觉津津有味，不挑食，不偏食，不酗酒，进食量有节制，没有过饱或不饱的感觉。这说明消化吸收功能比较好。

（2）快眠 快眠就是入睡快，能一觉睡到天亮。睡眠时间规律，不失眠，不做梦，醒后头脑清醒，感觉舒畅。这说明神经系统的兴奋、抑制功能协调，身体无病理信息干扰。

（3）快便 便意来时，能顺畅排泄大小便。且排便时间规律，感觉轻松自如，粪便颜色无异常，无排便困难或疼痛及其他不适感。这说明泌尿系统及胃肠功能良好。

（4）快语 语言流畅，语意清楚，语音清晰。说话中气足，无声音沙哑、含糊不清或反应迟钝、词不达意的现象。这说明头脑灵活、思维敏捷、心肺功能正常。

（5）快行 行动自如、协调，迈步轻松、有力，转体敏捷，反应迅速。这证明躯体和四肢状况良好，精力充沛、旺盛。诸多病变导致身体衰弱，均先从下肢开始，例如：人患有内脏疾病时，下肢常有沉重感；心情焦虑，精神抑郁，则往往感到四肢乏力，身心交瘁。

（6）良好的社会适应性 看问题，办事情，都能以现实和自我为基础。处世乐观，态度积极，尊重他人，善待自己，能够主动与人交往并被大多数人所接受。

三、健康的分级

在WHO的定义中，健康是完美状态，是一种理想的状态。如果将死亡视为绝对的黑，健康状态即为绝对的白，在二者之间则是长长的灰色区域。此灰色由白到黑逐渐加深，形成一个坐标轴。每个人在其生命的每一时刻健康状态都处在这个坐标上的某个位置，少数人逼近白色端，少数人逼近黑色端，大多数人的健康状态散布在黑白之间。

根据这些概念，产生了健康的分级：第一级健康，或称躯体健康，包括无饥寒、无病弱，能精力充沛地生活和劳动，满足基本的卫生要求，具有基本的预防和急救知识；第二级健康，或称身心健康，包括一定的职业和收入，满足经济要求，在日常生活中能自由地生活，并享受较新的科技成果；第三级健康，或称主动健康，包括能主动地追求健康的生活方式，调节自己的心理状态以缓解社会与工作的压力，并过着为社会做贡献的生活。

有些学者因此提出"亚健康"和"亚临床"观点。因此医学不能仅仅被动地救死扶伤，也不能为预防疾病而预防疾病，医学还应该帮助人们促进健康——帮助每一个人积极地远离健康坐标的黑色端，移向白色端。这将是人类的医学事业在今后的主要方向之一。激发人们促进健康的意愿，帮助人们掌握促进健康的知识和技能，这个任务落在了健康教育的肩上。

四、影响健康的因素

1. 环境因素

环境中的有毒有害因素通过人自身的行为作为中介来作用于人体。所以，环境因素对人类健康的影响极大，所有健康问题或多或少都与环境有关。

（1）自然环境　自然环境是人类赖以生存的物质基础。环境污染必然对人体健康造成危害。其危害机制比较复杂，一般具有浓度低、效应慢、周期长、范围大、人数多、后果重，以及多因素协同作用等特点。如空气、水源污染，化学品充斥人居环境，电磁、辐射等影响代谢平衡。气候变化对人类健康具有多重影响。有些影响是正面的，但多数是负面的。一方面，极热和极冷天气的变化、洪涝和干旱的频发、地方空气污染以及空气过敏原对居民健康都具有直接影响。另一方面，一些影响健康的因素来源于气候变化对生态系统和社会系统的影响，这些影响包括传染病的发病动态，区域粮食生产水平下降和营养不良，以及由于人口流动和经济萧条对健康产生的各种连带影响等。

（2）社会环境

社会环境包括社会制度、政治、经济、文化、教育和社会稳定等诸多因素，也包括工作环境、家庭环境、人际关系等。不良的风俗习惯、有害的意识形态，也有碍于个人和群体的健康。因此，预防疾病，促进健康，重要的是改善环境。比如，压力过大、竞争加剧、就业困难、社会暴力和国际恐怖事件等会导致一部分人心态浮躁、心理失衡；精神抑郁、过度疲劳、过分透支体力等会使免疫力下降，造成亚健康状态人群明显增多，久而久之，也就从量变转变为质变，危害健康。

2. 行为与生活方式因素

行为是完整有机体的外显活动，由内外部刺激作用于动物和人所引起。行为既是内外环境刺激的结果，又反过来对内外环境产生影响。人的行为指具有认识、思维能力并有情感、意志等心理活动的人对内外环境刺激所做出的能动的反应。从公共卫生和医学的角度，人的行为可分为外显行为与内隐行为。

外显行为是指那些可以被他人直接观察到的行为，如言谈举止。内隐行为是指那些不能被他人直接观察到的行为，如意识、情绪等，即通常所说的心理活动。但一般可通过观察人的外显行为，而了解其内隐行为。外显行为和内隐行为，如吸烟、酗酒及"七情六欲"，都可能对人自身或他人的健康产生影响。生活方式是指人们长期受一定文化、民族、经济、社会、风俗、规范影响，特别是受家庭影响而形成的一系列生活习惯、方法、技巧、经验及观念。其中，一些不良行为和生活方式给个人、群体乃至社会的健康带来直接或间接的危害。如不合理饮食、吸烟、酗酒、久坐而不锻炼、性乱、吸毒、药物依赖、破坏生态、污染环境等。

3. 生物遗传因素

随着对疾病认识的不断加深，现已查明除了明确的遗传病外，许多疾病如高血压、糖尿病等的发生均包含有一定的遗传因素。发育畸形、寿命长短也不排除有遗传方面的原因，同属生物遗传因素致病范畴。

4. 医疗卫生服务因素

医疗卫生服务是指医疗卫生机构和卫生专业人员为了防治疾病、增进健康，运用卫生资源和各种手段，有计划、有目的地向个人、群体和社会提供必要服务的活动。健全的医疗卫生机构，完备的服务网络，适当的卫生投入与合理的卫生资源配置等，对个人、群体乃至社会的健康都有积极的促进作用。反之，就不可能提供优质、高效、公平、合理的医疗卫生服务，进而影响民众健康。

在影响人群健康和疾病的四类因素中，行为因素最为活跃，也相对容易发生变化。如美国历经30年的努力使心血管疾病的死亡率下降了50%，此成就的2/3归功于健康相关行为的改善。而且，美国学者通过对7000人为期5年半的研究，发现只要人们坚持7项简单的日常行为，就可以使人群的期望寿命有较大幅度的提高：每日正常而规律的三餐，避免零食；每天吃早餐；每周2～3次的适量运动；适当的睡眠（每晚7～8小时）；不吸烟；保持适当体重；不饮酒或少饮酒。医学专家，尤其是预防医学专家认识到通过改善人们的健康相关行为来防治疾病的重要价值，而改善人们的健康相关行为需要健康教育。因此，健康教育是人类与疾病作斗争的客观需要。这是健康教育走到疾病防治第一线的根本原因，也是健康教育所具有的最重要的意义。

第二节　健康的衡量标准和价值研究

一、健康的衡量标准

我们不妨从身体、精神、行为等角度，把主观表现和客观征象结合起来去探求健康概念。身体、精神概念较易理解，行为则是一个人在社会生活中对承担的责任和义务所采取的动态和动机。行为表现为社会性，每个人的行为必然受到他人的影响。健康是人类生存发展的要素，它属于个人和社会。以往人们普遍认为"健康就是没有病的，有病就是不健康"。随着科学的发展和时代的变迁，现代健康观告诉我们，健康已不再仅仅是指四肢健全，无病或不虚弱，除身体本身健康外，还需要精神上有一个良好的状态。人的精神、心理状态和行为对自己和他人，甚至对社会都有影响，因此，更深层次的健康观还应包括人的心理、行为的正常和对社会道德规范的遵守，以及环境因素的完美。可以说，健康的含义是多元的、广泛的。

我们在考虑健康时必须区分是群体的健康还是个人的健康。群体的健康是采用统计学上的平均值，即在一定范围内某一个时期的健康指标应为正常值，偏离了就不正常；但是，偏离了正常值对于个人来说就不一定不健康，作为个人，健康的标准是一个人特有的。个体健康是现实的，群体的健康是理想的。健康是社会发展的组成部分，享受最高标准的健康被认为是一种基本人权，健康是社会对人类的义务，人人都享有健康平等的权利。

按照传统观念和习惯看健康一词，多限于生理健康，主要是指躯体发育良好，生理功能正常，而很少考虑心理方面的健康。人既是一个生物性的个体，也是一个社会性的个体。人的健康不仅受生物因素的制约，也受心理因素和社会因素的影响。就是说健康这一概念的基本内涵应包括生理健康、心理健康和社会适应良好三个方面，表现为个体生理和心理上的一种良好的功能状态，亦即生理和心理上没有缺陷和疾病，能充分发挥心理对机体和环境因素的调节功能，保持与环境相适应的、良好的效能状态和动态的相对平衡状态。通常情况下，能保持精力充沛，从容不迫地适应日常的生活和学习。

1. 中医的健康标准

中医认为，人体的健康必须符合以下十个标准。

（1）双目有神　神藏于心，外候在目。眼睛的好坏不仅能够反映出心脏的功能，还和五脏六腑有着密切的关联。中医说："五脏六腑之精气皆上注于目。"眼睛是脏腑精气的会聚之所在。因此，眼睛的健康也就反映出了脏腑功能的强盛。

（2）脸色红润　脏腑功能良好则脸色红润，气血虚亏则面容显得没有光泽，脸色就是人体五脏气血的外在反映。

（3）声音洪亮　人的声音是从肺里发出来，声音的高低自然决定于肺功能的好坏。

（4）呼吸匀畅　"呼出心与肺，吸入肝与肾。"人的呼吸和五脏的关系非常密切，呼吸不急不缓、从容不迫，才能证明脏腑功能的良好。

（5）牙齿坚固　中医认为"齿为骨之余""肾主骨"，牙齿的好坏反映着肾气和肾精的充足与否。

（6）头发润泽　中医认为："发为血之余，肾者，其华在发。"头发的状况是肝脏藏血功能和肾精盛衰的外在反映。

（7）腰腿灵活　腰为肾之府，肾虚则腰疲惫。灵活的腰腿和从容的步伐是肌肉和四肢关节强健的标志。

（8）体形适宜　中医认为，胖人多气虚，多痰湿；瘦人多阴虚，多火旺。过瘦或者过胖都是病态的反映，很容易患上糖尿病、咳嗽、中风和痰火等病症。

（9）记忆力好　脑为元神之府，为髓之海。人的记忆依赖于大脑的功能，髓海的充盈是维持精力充沛、记忆力强、理解力好的物质基础，也是肾精和肾气强盛的表现。

（10）情绪稳定　中医认为情志过于激烈是致病的重要原因。大脑皮质和人体的健康有着密切的关系，人的精神恬静，自然内外协调，能抑制心理疾病的发生。

2. 健康的简单指标

此外，还有一些简单而实用的健康检测方法，能够让我们随时随地对自己的身体状况进行检查，随时掌控身体的健康动向，及时采取相应对策。

（1）腰臀比　腰臀比（WHR）是反映身体脂肪分布的一个简单指标，世界卫生组织通常用它来衡量人体是肥胖还是健康。保持臀围和腰围的适当比例关系，对成年人体质和健康及其寿命有着重要意义。许多研究已证明，该比值与心血管发病率有密切关系。标准的腰臀比为男性小于0.8，女性小于0.7。根据美国运动医学学会1997年推荐的标准，男WHR>0.95和女WHR>0.86就是具有心血管疾病危险性的腰臀比数据。注意，测量时一定要采取站姿。

（2）屏气时间 屏气时间可以检验肺脏功能。吸一口气，然后屏气，时间越久越好，再慢慢呼出，呼出时间3秒钟为最理想。最大限度屏气，一个20岁、健康状况甚佳的人，可持续90~120秒。而一个年满50岁的人，约为30秒。

（3）脉搏 脉搏可以检验心脏功能。3次脉搏数相加，减去200再除以10，即（脉A＋脉B＋脉C－200）/10。若所得结果为0~3，说明心脏强壮；结果为3~6，是良好；结果为6~9，则心脏一般；结果为9~12，心脏不怎么好；结果是12以上，就比较危险，应及时找医生。

（4）仰卧起坐 仰卧起坐可以检验体力健康。青少年在1分钟内仰卧起坐的最佳成绩为起落45~50次；30岁为40~45次；40岁为35~40次；50岁为25~30次；60岁为15~20次。

（5）爬楼梯 爬楼梯可以检验体力和腿力。一步迈两级台阶，能快速登上5层楼，说明健康状况良好；一阶一阶地登上5层楼，没有明显的气喘现象，健康状况不错；如果气喘吁吁，呼吸急促，为较差型；登上3楼就又累又喘，意味着身体虚弱，应到医院进一步查明原因，切莫大意。

3. 心理健康

人的心理健康是指一种持续的、积极的心理状态。个体能够与环境有良好的适应，其生命具有活力，能充分发挥其身心潜能，就可被视为心理健康。据此，人的心理健康水平大体可分为三个层次。

一般常态心理，表现为心情经常愉快，适应能力强，善于与别人相处，能较好地完成与同龄人发展水平相适应的活动，具有调节情绪的能力。

轻度失调心理，表现出不具有同龄人所应有的愉快，与他人相处略感困难，生活自理能力较差，经主动调节或通过专业人员帮助后可恢复常态。

严重病态心理，表现为严重的适应失调，不能维持正常的生活和工作，如不及时治疗可能恶化成为精神病患者。

一个心理健康的人能体验到自己的存在价值，既能了解自己，又能接受自己。同时，具有自知之明，即对自己的能力、性格、情绪和优缺点能作出恰当、客观的评价，对自己不会提出苛刻的期望与要求；对自己的生活目标和理想也能定得切合实际，因而对自己总是满意的；努力发展自身的潜能，即使对自己无法补救的缺陷，也能安然处之。一个心理不健康的人则缺乏自知之明，并且总是对自己不满意，由于所定的目标和理想不切实际，主观和客观的距离相差太远而总是自责、自卑；总是要求自己十全十美，而自己却又总是无法做得完美无缺，总是和自己过不去，结果是使自己的心理状态无法平衡，也无法摆脱心理危机。

心理健康的人乐于与人交往，不仅能接受自我，也能接受他人，能认可别人存在的重要性，主要表现为：能为他人所理解，为他人和集体所接受，能与他人相互沟通和交往，人际关系协调和谐，在生活中能与人融为一体，既能在与挚友间相聚之时共欢乐，也能在独处沉思之时无孤独之感。在与人相处时，积极的态度（如同情、友善、信任、尊敬等）总是多于消极的态度（如猜疑、嫉妒、敌视等），因而在社会生活中有较强的适应能力和较充足的安全感。一个心理不健康的人，总是脱离集体，与周围的环境和人们格格不入。心理健康的人珍惜和热爱生活，积极投身于生活，在生活中尽情享受人生的乐趣。他们在工作中尽可能地发挥自己的个性和聪明才智，并从工作的成果中获得满足和激励，把工作看作是乐趣而不是负担。他能够克服各种困难，使自己的行为更有效率，工作更有成效。

心理健康的人对周围事物和环境能作出客观的认识和评价，既有高于现实的理想，又不会沉湎于不切实际的幻想。他对自己的能力有充分的信心，对生活、学习、工作中的各种困难和挑战都能妥善处理。心理不健康的人往往以幻想代替现实，不敢面对现实，没有足够的勇气去接受现实的挑战，总是抱怨自己"生不逢时"，或者责备社会环境对自己不公而怨天尤人，因而无法适应现实环境。心理健康的人，其人格结构包括气质、能力、性格和理想、信念、动机、兴趣、人生观等各方面能平衡发展。思考问题的方式是适中和合理的，待人接物能采取恰当灵活的态度，对外界刺激不会有偏颇的情绪和行为反应，能够与社会的步调合拍，也能与集体融为一体。心理健康的人应具有与同年龄段大多数人相符合的心理行为特征。如果一个人的心理行为经常严重偏离自己的年龄特征，一般都是心理不健康的表现。一般而言我们可参照上述标准检视自己的心理健康状况。严格意义上的心理健康与否则要求助于临床心理学家的测查与诊断，不能随意给自己和他人胡乱下结论。

二、健康的价值

健康是人生的第一财富。随着生活水平的不断提高，现代人对自身健康状况日益关注。那么，一个人的健康价值有多少？哪些人的健康价值比较高？健康价值由哪些因素决定，如何计算？对此，经济学家给出了答案。

1. 健康的经济含义

健康的经济含义，是一个听上去有点抽象的概念。可以说，我们在生活水平比较低的时候，会认为不生病的状态就是健康。随着社会的发展和人们生活水平的提高，我们知道不生病并不等于健康。因为在健康和不健康之间还有亚健康，在身体健康之外还有心理健康。

个人健康作为一种经济物品是个人人力资本价值的主要构成之一。因此，个人的健康也需要投入，也就是说，健康是一种使用市场投入和个人时间而生产出来的一种经济物品。投入包括两部分：一是市场投入；二是个人投入。国家的公共卫生服务、医疗和保健费用支出、医院的设备使用、医生的劳动等，都属于市场投入；个人投入是指每个人用于日常保健、休息和锻炼的时间，当然，也包括个人医疗的花销。

2. 健康的内在价值

健康既然是一种物品，就和汽车、电脑、手机一样，有内在价值和生产成本。多大成本才能维持一个人的健康？答案因人而异。健康的内在价值，就是生产健康所需要的物质和劳务投入。投入决定产出，可见，健康不是一种免费的物品，我们投入多少（包括市场投入和个人投入），决定了它产出的数量和质量。

3. 健康的外在价值

与食物、住房、娱乐一样，健康的外在价值，或者说使用价值，首先表现在它能带给我们多少舒适和快乐。一个身体健康的人，往往比一个身体不健康的人更容易快乐；一个精神健康的人，有较好的自我调节能力和人际关系处理能力，心情愉快的时候会比精神不健康的人多。同时，身体健康和心理健康又是互相影响、互相依存的。可以说，健康这种物品带给我们的舒适感，并不是虚无缥缈的，它和食物、水一样，是我们生活中较为基本的需求之一，当然，这种需求的层次比生存需求要高。当生存需求得到满足后，人们才会有健康需求，才会花费时间和财富，为自己的健康投资，从而享受健康带来的舒适和快乐。在经济学上讲，这种快乐叫消费者剩余。健康不仅是一种消费品，它还和土地、机器、工业原料等生产资料一样，是一种投资品。因为人是一种有价值的资本，人力资本是企业的核心资本之一，人力资本是经济增长和财富创造的源泉。一个健康的人才能正常地从事工作，创造财富；或者说，一个健康的人才能更好地从事工作，创造财富。教育带来了知识和技能，却不能代替健康。作为人力资本的重要组成部分，健康影响着人力资本的产出，它使一个人工作的时间增多，工作效率提高，间接地参与了社会生产和再生产。

4. 健康的估价

一个人的健康价值多少？健康的内在价值和外在价值共同决定了这一答案。健康的内在价值是生产一个人的健康所需要的投入。从这个意义上讲，一个花费巨额医疗费进行过手术的人，在同等条件下，比没有手术过的人健康价值要高。健康的外在价值是一个人的健康所创造的财富，既包括社会财富，也包括个人财富；既包括物质财富，也包括精神财富。在同等条件下，一个收入高的人比一个收入低的人健康价值高，一个对社会有贡献的人比一个碌碌无为的人健康价值高。健康的价值还受消费者个人主观评价的影响，也就是说，同等质量的健康带给不同的人效用是不同的。健康与其他的社会目标，如正义、和谐、知识等一样，需要各自占用一部分社会资源。美国的经济学家维克托·福克斯提出：在社会资源稀缺的前提下，健康、医疗需求不能被无限满足，所以，健康无价，是一个美好的愿望，却不是现实。在生活中，我们并不会以无限的投入来换取一份健康，因为健康也许是人生中的第一大事，却不是唯一的事。那么，健康的价值有没有一个量化的标准？健康保险的引入，为健康的估价提供了一个有力的依据。从世界范围来看，在健康保险比较发达的国家和地区，健康保险的投保金额等于人们享受医疗服务的限度。人们认为自己的健康价值多少，就会投保相应的保额，为自己的健康买单。

人类自从有了文明以来，一直在追求着健康与快乐。每个人、每个家庭无论再怎么努力，追求的最终目的都与健康和快乐分不开的。人们希望自己在离开这个世界的时候是自自然然，无疾而终的。但是事实却是，99%的人在疾病与痛苦中离开人间。人在晚年60岁以上所消耗的医疗费用约占一生的40%以上。其中，有相当一部分医疗费用是在人生的最后28天花费的，也就是抢救费用。如果，把这些费用用作预防，可以使人的健康生命延长远远超过这28天。所以，要想得到人生的健康与快乐，一定不要漠视养生保健的作用，漠视它就相当于漠视自己的生命！

5. 健康就是GDP

健康就是GDP。根据世界银行的测算，在过去的40年中，世界经济增长的8%至10%都是来源于健康的人群。而亚洲的经济腾飞有30%至40%也源于健康的人群。全国城乡居民因疾病、损伤和早死造成的经济损失相当于国内生产总值的8.2%，相关的医疗费消耗相当于GDP的6.4%，所以不难看出健康就是GDP。如果得了病才忙于治疗，高昂的医疗费不仅普通家庭难以承受，造成因病致贫，因病返贫，还给国家带来巨大的经济负担。只有重视营养知识的普及，提高全民健康素质，才能把庞大的医疗费用节省下来，用于改善人民生活质量，提高生命的价值。要注重"预防胜于治疗"的科学理念观。

健康是个人财富，也是家庭和社会的财富。人们对身心健康的重视标志着社会进步。无论是人类自身的发展，自我价值的实现，还是社会发展的参与和社会发展成果的享有，都必须以自我健康为前提。没有健康的身心，一切都无从谈起，也无法实现。

第三节　健康促进的内涵和基本构成

体育锻炼能够有效促进人们的身体健康，对于正在生长发育阶段的青少年而言，坚持进行体育锻炼具有积极的意义。

一、健康促进的概念、内涵

对于健康促进的概念和内涵，多年来人们有较多的讨论。一种意见认为健康促进包含以下四点内容。

①　健康促进涉及整个人类的健康和人们生活的各个方面，而不仅仅是针对某些疾病或某些疾病的危险因素。

②　健康促进主要是直接作用于影响健康的病因或危险因素的活动或行动。

③　健康促进不仅作用于卫生领域，还作用于社会各个领域。健康促进指导下的疾病控制已非单纯的医疗卫生服务，而应采取多部门、多学科、多专业的广泛合作。

④ 健康促进特别强调个体与组织有效、积极地参与。

健康促进生活方式作为一种积极的生活方式，是指引领个人、家庭、社区及社会朝着增进安宁、幸福及实现健康潜能目标前进的行为。

青少年健康促进的内涵更强调把所有有利于发展和促进青少年健康的因素组织和联系起来，形成广泛的合作。有人把学校健康促进的目标人群分为以下两个级别：一级目标人群指学生群体；次级目标人群包括学校领导、教职员工、学生家长、社区领导。通过开展健康促进学校工作，努力给学生提供综合性的、积极性的经验和组织体系，创造安全、健康的学校环境，提供适当的健康服务，以促进和保护青少年健康成长。

总之，健康促进是以教育、组织、法律和经济等手段，干预那些对健康有害的生活方式、行为和环境，以促进健康。其目的在于努力改变人类不健康的行为，改善预防性服务以及创造良好的社会与自然环境。

二、健康促进的构成要素

1. 平衡膳食

人体在维持生命和各种活动时均需要消耗一定的能量，所以营养是维持人类生命活动的基础，它主要起着产生能量、调节代谢、促进生长的作用。合理膳食、平衡营养是维持健康的重要方面。

在人民生活水平日益提高的今天，民众的膳食结构发生了很大的变化，但健康水平不容乐观，不少人缺乏营养学知识，饮食中鸡、鸭、鱼、肉的比例过大，绿色蔬菜过少，导致脂肪、胆固醇、热量过高，维生素及纤维素严重不足。这种不平衡的膳食结构，使心脑血管疾病、肥胖症、糖尿病、胆结石等疾病的发病率不断增加，而且发病年龄明显提前。调查显示，12 ～ 15岁青少年高血压的发病率已达3.11%。

2. 良好的心理状态

心理健康是个体在各种环境中能保持一种良好适应能力和效能的状

态。一个人不仅仅是生物体，更是一个社会成员，而健康的心理是一个社会人适应社会的基本条件。

心理情绪因素对生理上的健康起着十分重要的作用。现代心理医学研究表明，一个人心情舒畅，精神愉快，中枢神经系统处于最佳功能状态，内脏及内分泌活动就会在中枢神经系统调节下处于平衡状态，身体自然也就健康。总之，良好的心理状态是获得机体健康的基本要素。

3. 科学的体育运动

《中国大百科全书》将体育活动定义为：通过一些轻松愉快的身体活动使人转移对日常生活中的艰难和压力的注意力。

体育运动是否有益于健康长寿，存在着各种不同的观点。有人认为体育锻炼不一定能健康长寿，不运动而长寿的人也不少。但大多数人的研究表明，科学合理的体育运动能使人获得健康。

欧信等提出运动和健康密切相关的主要理由如下。

① 运动可以改善心血管系统，降低血中低密度脂蛋白含量，减少患心脏疾病的概率。

② 运动可以改善肥胖，使人类可望增加7年的寿命。

③ 运动可以有效地改善或预防因支撑脊椎的肌力衰退或组织失去弹性引发的背痛，背痛会造成活动困难，使身体功能退化。

④ 缺少运动引发的疾病有冠心病、高血压、下背痛、肥胖以及关节病变等。

⑤ 运动不足使人类越来越衰弱，使协调感、平衡感、空间感降低。

⑥ 运动可以控制体重，体重过重是冠心病、高血压、糖尿病、关节病变的诱因。

⑦ 运动让人感觉美好、愉快，更能迎接每一天的挑战。

⑧ 睡眠的质量会因运动而变好，良好的睡眠是健康的基础。

第四节　健康促进研究与实践现状

一、健康促进理论研究与实践现状

国外健康教育与健康促进事业起步较早，如美国在19世纪初就把卫生教育作为公立学校体育课的一部分开始实施。"健康促进"一词也早就出现在公共卫生文献上，到1986年在加拿大渥太华召开了第一届国际健康促进大会，所发表的《渥太华宣言》明确了健康促进的概念，标志着健康促进研究进入了一个新的阶段。1997年《雅加达宣言》进一步强调健康促进的重要性；2000年第五届全球健康促进大会说明了健康促进是架起公平的桥梁，各国都应该行动起来推进健康促进计划。

国外比较推崇和普遍采用社区健康促进模式，如拉菲利（Laffery）健康促进模式就是以社区为单位提供的健康促进服务，从个人延伸、扩展到家庭、群体、社区，乃至整个社会。其内容是有利于健康的生活品质，包含了生理、心理（精神、心灵）和社会的安适状态等促进工作，目标是使社区居民达到最理想的健康状态。

国内外有关健康促进生活方式的评价也有许多研究，主要有：Laffery的健康概念评量表；Walker及Pender制定的健康促进生活方式评量表（HPLP）及该表的修订版（HPLP-I和HPLP-II）。目前，HPLP-II在美国、日本等地已被广泛应用，一些研究数据显示该评量表具有良好的信度系数。

20世纪80年代，我国健康促进的实践起步于城市健康教育工作。20世纪90年代，卫生部开展创建国家卫生城市的活动，颁布了《中国城市实现"2000年初级卫生保健"规划》，极大地推动了城市社区健康教育与健康促进的发展。自此，国内开展了有关健康促进的一系列研究和实践，涉及生活方式、膳食结构、环境卫生、心理状态、体力活动和身体锻炼等方面，为我国民众体质健康起到了重要作用。"健康促进"作为体质健康研究领域的专有名词，是一个综合性的复杂工程。一般认为健康促进模式包含平衡膳食、科学运动、良好心理状态等具体内容。

二、青少年健康促进研究现状

青少年是国家的未来和希望。各国一贯重视青少年的身心发展。我国学校教育的发展战略更是把青少年全面健康成长作为重点，并为此进行了长期不懈的努力。2006年教育部、国家体育总局联合发布了《关于进一步加强学校体育工作，切实提高学生健康素质的意见》，并和共青团中央联合启动了全国亿万学生的阳光体育运动；2007年中共中央、国务院发布了《关于加强青少年体育增强青少年体质的意见》，对促进青少年学生体质健康起到了重要的作用。但是，仍有研究显示，各国青少年体质状况出现了不同程度的下降，我国也不例外。青少年体质健康连年滑坡成为困扰我国学校教育和社会发展的严重问题，并引起全社会的高度关注。因此，提高青少年体质健康水平应从不同的社会领域、视角和层面进行综合研究，针对薄弱环节，解决关键技术，对青少年实施有效的健康促进，这是一项长远的战略目标，又是一项紧迫的现实任务。

世界卫生组织于20世纪80年代中期在学校健康教育基础上提出建立"健康促进学校"，提倡"通过学校及学校所在社区成员的共同努力，提供能促进并保护学生健康、全面、积极的经验和组织机构，为学生创建安全和健康的学校环境，提供适当的健康服务等"。我国从1995年开始在部分地区进行"健康促进学校"的试点和推广，内容包括在开展正式和非正式的健康教育课程中，创建安全和健康的学校环境，提供适当的健康服务等。这对青少年健康促进工作起到重要的推动作用，但由于缺乏规范研究，健康促进方法操作性不强，使健康促进流于形式，并未使学生体质健康水平获得应有的提高。邹洁等认为，青少年体质下降已是世界性的问题，从各国青少年体力活动促进模式的变化可知青少年健康促进的重要性与复杂性。对青少年健康促进的研究和实践还需进行相当多的工作。

第二章

运动锻炼对青少年的重要作用

第一节 体育的本质和功能

体育可称为体育运动，也可理解为运动锻炼，从古希腊到古代中国，都有人类关于体育活动的记载。它是人类在漫长的生活和生产过程中所产生的一种独特的，以身体运动来表达的社会文化现象。它是存在于人类社会中的一种很普遍的社会现象，也是人类所共同承认、拥有和普遍热爱的一种文化现象。各种不同文化和文明背景下产生的体育项目已经和正在融合成为人类社会所共有的社会财富。体育给人类社会所创造出的以公平竞争为道德核心，以追求和平、进步和团结的价值标准和价值体系，得到了人类社会广泛的认同。它已经成为不同民族、不同国度人们的共同爱好，以它特有的魅力丰富着人类社会的日常生活。当代体育正在进入和已经改变着越来越多的人的生活，成为人们生活方式的一个重要组成部分。

一、体育的概念和内涵

体育是人类社会发展中，根据生产和生活的需要，遵循人体身心的发展规律，以身体练习为基本手段，达到增强体质，提高运动技术水平，进行思想品德教育，丰富社会文化生活而进行的一种有目的、有意识、有组织的社会活动，是伴随人类社会的发展而逐步建立和发展起来的一个专门的科学领域。体育的概念有广义和狭义之分。

1. 体育的广义概念

体育的广义概念（亦称体育运动），是指以身体练习为基本手段，以增强人的体质，促进人的全面发展，丰富社会文化生活和促进精神文明为目的的一种有意识、有组织的社会活动。它是社会总文化的一部分，其发展受一定社会的政治和经济制约，并为一定社会的政治和经济服务。

2. 体育的狭义概念

体育的狭义概念（亦称体育教育），是一个发展身体，增强体质，传授锻炼身体的知识、技能，培养道德和意志品质的教育过程；是对人体进行培育和塑造的过程；是教育的重要组成部分；是培养全面发展的人的一个重要方面。

3. 竞技体育

竞技体育亦称"竞技运动"，是为了战胜对手，取得优异运动成绩，最大限度地发挥和提高个人、集体在体格、体能、心理及运动能力等方面的潜力所进行的科学的、系统的训练和竞赛，包含运动训练和运动竞赛两种形式。它有以下几个特点：

① 充分调动和发挥运动员的体力、智力、心理等方面的潜力。

② 激烈的对抗性和竞赛性。

③ 参加者有充沛的体力和高超的技艺。

④ 按照统一的规则竞赛，具有国际性，成绩具有公认性。

⑤ 娱乐性。

当今世界所开展的竞技体育项目是社会历史的产物。远在公元前700多年的古希腊时代，就出现了赛跑、投掷、角力等项目，发展至今已有数百种之多。普遍开展的项目有田径、体操、篮球、排球、足球、乒乓球、羽毛球、举重、游泳、自行车等。各国、各地区还有自己特殊的民族传统项目，如中华武术，东南亚地区的藤球、卡巴迪等。其发展与国家、地区的政治、经济、文化教育、科学技术密切相关。

4. 娱乐体育

娱乐体育是指在闲暇时间或特定时间所进行的一种以愉悦身心为目的的体育活动，具有业余性、消遣性、文娱性等特点。内容一般有球类游戏、活动性游戏、旅游、棋类以及传统民族体育活动等。按活动的组织方式可分为个人的、家庭的和集体的；按活动条件可分为室内的、室外的；按竞争性可分为竞赛性的和非竞赛性的；按经营方式可分为商业性的和非商业性的；按参加活动的方式可分为观赏性活动和运动性活动。开展娱乐性体育活动，有益于身心健康，陶冶情操，培养高尚品格。

5. 大众体育

大众体育亦称"社会体育""群众体育"，是为了娱乐身心，增强体质，防治疾病和培养体育后备人才，在社会上广泛开展的体育活动的总称，包括职工体育、农民体育、社区体育、老年人体育、妇女体育、伤残人体育等。它的主要形式有锻炼小组、运动队、辅导站、体育之家、体育活动中心、体育俱乐部、棋社，以及个人自由体育锻炼等。开展群众体育活动应遵循因人、因地、因时制宜和业余、自愿、小型、多样、文明的原则。

广泛开展群众性体育活动，是发挥体育的社会功能，提高民族素质和完成体育任务的重要途径。

6. 医疗体育

医疗体育是指运用体育手段治疗某些疾病与创伤，恢复和改善机体功能的一种医疗方法。与其他治疗方法相比，有以下几个特点：

① 医疗体育是一种主动疗法，要求患者主动参加治疗过程，通过锻炼治疗疾病。

② 医疗体育是一种全身治疗，通过神经、神经反射机制改善全身功能，达到增强体质，提高抵抗力的目的。

③ 医疗体育是一种自然疗法，利用人类固有的自然功能（运动）作为治疗手段，一般不受时间、地点、设备条件的限制。

通常采用医疗体操、慢跑、散步、自行车、气功、太极拳和特制的运动器械（如拉力器、自动跑台等），以及日光浴、空气浴、水浴等为治疗手段。宜因人而异，持之以恒，循序渐进，并配合药物或手术治疗和心理疏导。2000多年前已用"导引""养生"作为防治疾病的手段，后又不断发展与提高，成为中国运动医学的重要组成部分。

二、体育的本质

体育作为一种复杂的社会文化现象，主要包括两大部分：一是作为体育方式、手段的运动部分；二是运用这种手段、方式来实现体育的社会目的部分。

这种双重结构决定着体育具有双重的性质；一个运动的性质，即自然本质；一个是教育的性质，即社会本质。体育的本质是指体育所固有的根本特性，是人类社会的一种身体教育活动和社会文化活动。本质特点就是以身体练习为手段，发展身体，增强体质，促进人的全面发展，为社会发展服务。体育的根本性质，正是由其自然本质和社会本质相互结合、交互作用来决定的。

体育本质具有层次性：强身、游戏、娱乐，是体育的初级（一级）本质；对人的品格的培养、教育，是体育的二级本质；促进人的自我超越、自觉创造、全面发展，是体育的高级本质。

三、体育的功能

体育的功能，包括健身功能、娱乐功能、教育功能、政治功能、经济功能、交流功能等。

1. 健身功能

健身功能具体体现在体育运动能改善和提高中枢神经系统的工作能力。体育运动能促进机体的生长发育，提高运动系统的技能。体育运动能使内脏器官的功能得到提高。体育运动可以提高人体的适应能力。体育运动可以防病治病，提高人体免疫能力。

2. 娱乐功能

体育所具有的娱乐功能，主要通过两方面表现出来：一是体育本身所特有的魅力；二是人们参加体育运动所得的乐趣。

3. 教育功能

体育所具有的教育功能，有两个方面的含义：一种是具有典型意义的学校基本教育；另一种是具有泛指意义的社会教育。

4. 政治功能

体育的政治功能，一方面可体现在国际交往的舞台上，另一方面体育能促进大至一个国家、一个民族，小至一个集体的内部安定团结。

5. 经济功能

体育是人的活动，特别是体育成为一种很多社会成员参加的经常性活动后，总是在一定物质消费的基础上进行的，必然要消耗一定的人力、物力和财力。因此，与体育活动相关的服装、器材、装备和体育场地设施等就会随之而产生，体育服务等社会经济行业就必然出现。

6. 交流功能

在体育运动过程中，能增强人与人之间的交流和交往，增加人与人之间相互了解，改善人际关系。国际间的体育交往，还能够促进国家与国家之间，不同民族之间的相互了解和相互信任，有利于人类社会的和平与发展。

四、体育与人类社会的关系

当代体育与社会经济、政治和人们的日常生活产生着越来越密切的联系，改变和影响了社会生活的许多方面。体育是"人类专门设计的身体运动和游戏"，主要反映体育的基本特征，并以此来区别于其他的人类身体运动。在人类的生产劳动和生活实践中，还有许多其他的身体运动，但这些身体运动并不是为了一定的目的而专门设计的。所以，它们不能称之为体育。体育，特别是现代体育已经有了一整套为了实现一定目的而专门设计的身体运动方式，而且还有一系列严格的规则要求和动作规范。在所有现代体育项目中，对身体运动的动作方式、动作形式、动作路线都有一套严格的规定和规范要求。这一点在现代高水平竞技体育中表现得近乎苛刻。就是在普通大众的体育活动中，为了娱乐或锻炼身体，也专门设计了不计其数的身体运动的形式和动作规范。就连最简单的身体运动——"走"，一旦把它作为体育锻炼的方法时，其姿势和速度等都有一定的要求。可见，体育并不是一般的身体运动，而是人类为了实现一定目的而专门设计的身体运动，只有这样的身体运动，才能称之为"体育"。

增强体质，提高竞技水平，丰富社会生活是人类进行体育运动的基本目的，也是体育区别于其他身体运动和活动的一个根本点。人类专门设计的身体运动，最主要的目的就是要通过身体运动来增强人的体质。要增强体质有多种途径和方法，其中包括营养、保健等多种手段，体育并不是唯一的方法。但是，通过专门设计的身体运动来增强体质，并在身体运动的过程中获得特殊的身体体验，这正是体育所独特的存在条件。

在人类所有的文化活动中，通过直接竞争和竞赛的方式，提高身体的竞技水平，得出胜负的结果，唯有体育在这方面体现得最为生动。无论是在群众体育竞赛中，还是在高水平的竞技体育比赛中，只要是竞赛，就必须要分出胜负。这是体育运动一个显著的特点，也是其他社会活动所不具备的。舞蹈、杂技等也是通过专门设计的身体运动来表达一定的思想和艺术想象力，但这些身体运动并不要求直接竞赛和发挥出人体最大的生理潜能，也没有全世界统一的规则要求，对活动的胜负也没有专门的要求和衡量标准。而体育不仅有严格的规则，还要求最大限度地发挥人的生理潜力，提高竞技水平并产生竞赛的胜负结果。

丰富社会生活是体育的又一个重要特点。群众体育通过专门设计的各种各样的身体运动，并根据不同条件、不同年龄、不同身体状况和个人爱好进行体育运动，在运动过程中获得特殊的身体感受，在锻炼身体的同时达到"娱己"的目的。竞技体育通过专门设计的身体运动，在严格规则的条件下，最大限度地表现出个人或团队技战术和身体能力，在实现自我价值的同时达到"娱人"的目的。特别是以奥运会为代表的各类、各层次的体育运动竞赛，在丰富社会文化生活方面，起到了带给人类社会其他文化现象所没有的独特作用。

因此，我们有理由认为：体育是人类一种有意识的身体活动，它通过专门设计的身体运动，来达到增强人体体质、提高竞技水平、丰富社会文化生活的目的。

第二节　青少年体育运动锻炼现状分析

一、青少年参与体育运动锻炼的现状

1. 运动项目与运动场所

（1）运动项目　为了了解青少年参与体育锻炼活动的现状，郭艳花做了"青少年体育锻炼现状调查问卷"，最后回收了800份有效问卷，其中男生有437人，女生有363人。下面分析问卷调查结果和相关问题。

从表2-1的调查结果来看，在运动锻炼项目的选择上，选择跑步的最多，占36.0%，羽毛球排第二，占17.0%，篮球排第三，占14.0%，乒乓球排第四，占13.3%，之后分别是跳绳、毽球、足球与网球。选择网球的最少，仅有0.1%。

表2-1　青少年参与体育运动锻炼的内容、场所情况

运动项目	比例	运动场所	数量
跑步	36.0%	学校、社区	充足
羽毛球	17.0%	学校	4块
篮球	14.0%	学校、社区	6块
乒乓球	13.3%	学校	8块
跳绳	8.2%	学校、家庭、社区	充足
毽球	6.0%	学校、家庭、社区	充足
足球	5.4%	学校	1块
网球	0.1%	市区体育场	4块

（2）运动场所　青少年选择参与什么体育锻炼项目，与运动场所的地点、数量有直接的关系。跑步项目对场地没有太严格的要求，限制因素少，便于开展，所以选择这一项目的青少年学生最多。而中小学由于经济条件的限制，非常缺乏网球场地，这就限制了青少年学生对这一运动项目的参与，导致选择该锻炼方式的学生仅有0.1%。从青少年学生参与体育锻炼的场所来看，在学校锻炼的居多，社区、家庭也占有一定的比例。相对来说，学校的体育场地、运动器材比较齐全，而且有很好的运动氛围，所以学生的课余体育锻炼多在学校进行。家庭体育发展滞后、社区公共体育服务体系不完善等导致学生很少参加家庭与社区的体育活动。

2. 锻炼动机

从表2-2的调查结果来看，青少年参与体育运动锻炼的动机存在一定的性别差异，男生的动机从高到低排序为娱乐休闲、锻炼身体、缓解学习压力、学习掌握运动技能及交友，而女生的动机从高到低排序为锻炼身体、缓解学习压力、娱乐休闲、学习掌握运动技能和交友。其中在缓解学习压力这一动机的选择上，性别差异最大，娱乐动机排其次，这反映了青

少年学生的心理认知差异。

在体育锻炼中，人们的行为意向、行为习惯及情感体验等都与性别角色有关，本研究也体现了这一点，在青少年参与体育运动锻炼的动机中，性别的影响非常显著。

表2-2 不同性别青少年参与体育运动锻炼的动机

动机	男生	女生
锻炼身体	22.0%	30.0%
学习掌握运动技能	13.0%	10.0%
娱乐休闲	38.0%	27.0%
缓解学习压力	15.0%	28.0%
交友	12.0%	5.0%

此外，从表2-3中能看出家庭居住地对青少年体育锻炼动机的影响。在农村居住的学生参与体育锻炼以缓解学习压力和锻炼身体为主，目的单一、集中；相对来说，居住在城市的学生参加体育锻炼有比较多元化的目的，并以学习掌握运动技能为主，缓解学习压力、锻炼身体、交友、娱乐休闲等动机依次排在其后。这也是农村与城市的青少年学生对体育锻炼有不同认知的体现。居住在城市的青少年相对而言更容易接触各种各样的体育活动，享受着丰富的体育资源，所以对体育形成了较为全面的认知，参与动机也更加多元。事实上，家庭居住地、家庭收入、家庭文化层次等会在一定程度上影响青少年的体育锻炼意识和行为。

表2-3 不同居住地青少年参与体育运动锻炼的动机

动机	城市	农村
锻炼身体	20.0%	30.0%
学习掌握运动技能	32.0%	8.0%
娱乐休闲	8.0%	15.0%

动机	城市	农村
缓解学习压力	26.0%	40.0%
交友	14.0%	7.0%

二、青少年参与体育运动锻炼的影响因素

调查发现，制约与影响青少年参与体育运动锻炼的因素有很多，其中课业负担的影响最大，占30%，其次是占20%的学校体育政策，再次是占18%的青少年自身运动兴趣与技能，场地、指导缺失、家庭条件、父母影响等制约因素分别占10%、10%、7%和5%。

从调查结果来看，课业负担、学校体育政策是影响与制约青少年学生参与体育运动锻炼的重要因素。在应试教育的影响下，青少年学生的升学负担较重，面临较大的课业压力，再加上学校体育政策不完善、不落实、不到位，导致部分学生的体育锻炼时间被剥夺与占有。

学生对体育运动是否感兴趣，是否有一定的运动基础等，也会影响其对体育锻炼活动的参与。

此外，场地对青少年来说是其参与体育锻炼活动必不可少的一个重要因素，部分学校、社区因缺乏体育设施而对学生参与体育锻炼活动造成了严重的制约。学生参与体育锻炼的意识与行为也直接受家庭教育观、体育观、经济条件、文化层次等因素的影响。

三、青少年参与体育运动锻炼的问题与瓶颈

通过调查和分析，可将当前青少年在参与体育运动锻炼中面临的问题与瓶颈总结为以下几点。

1. 学校对体育教学的重视程度不够

有些学校只重视文化课的教学，减少了体育教学内容，甚至长跑项目

也不再出现在学校运动会上。

学校在体育教学的实施与发展过程中，存在诸多干扰因素，例如，文化课占用体育课时间；在学生体质测试中，虚报测试数据与结果；体育在学生综合评价体系中所占比例少。

以上问题严重影响了学校体育的正常运行与实施，也因此制约了青少年学生的体育锻炼，给青少年的体质健康带来了不良影响。

2. 体育资源分布不均衡，人均体育场地不足

青少年体育锻炼不足，与体育资源的缺失尤其是体育场地的不足等有很大的关系。这里的体育场地设施不足不仅是指学校的体育场地资源，还指社区的体育场地资源，因为社区也是学生体育锻炼的重要场所，然而设施的缺乏对此造成了困扰，这也影响了社区体育和家庭体育的发展。

3. 青少年体育公共服务的缺失

青少年参与课外体育锻炼的过程中，体育基础设施是必不可少的载体，但现阶段我国一些地区因经济条件限制而无法建立与完善满足群众需求的体育公共服务体系。青少年体育锻炼因为公共体育服务的缺失而受到了阻碍。

另一方面，我国体育制度还不够完善，社会上缺少具有公益性质的体育培训机构，青少年课外体育锻炼无人指导、无人监督管理，这也是我国体育公共服务缺失的表现。

4. 家长教育观念的影响

家庭因素也会在一定程度上影响青少年参加体育锻炼活动，其中家长教育观念的影响最为明显，虽然现在支持学生参加体育活动的家长越来越多，但如果遇到重要的考试，家长还是希望孩子把精力放在文化课的学习上。可见家长对体育运动的育人价值还没有清楚地认识到。

四、促进青少年积极参与体育锻炼的对策与建议

第一，学校树立"健康第一"的体育教育理念，将体育课的健康教育价值重视起来，保证每周的体育课按时上4节，不得无故占领体育课时间进行其他教学活动。对课程表进行合理安排，从青少年学生身心特点出发在体育课堂教学中真正将健康教育科学、合理地融入其中。此外，促进校园体育活动体系的丰富和完善，加强对体育活动内容、载体和方法等方面的创新，使体育活动更有趣，更有吸引力。定期开展"校园体育运动会"，发挥该活动的示范引领作用，将各方资源整合起来对系列体育品牌活动进行创造与设计。

第二，学校采取各种宣传教育的方式向学生普及科学体育健身知识和健身方法，提高青少年参与体育健身的意识，培养其良好的体育锻炼习惯。保证全体学生每周都能参与3次以上中等强度的体育活动，使每个学生都能掌握一定的体育运动技能，并将其运用到生活中去。

第三，政府要加大购买公共服务力度，在青少年体育锻炼领域大力实施供给和调节，全面建设公共体育场地设施，将户外球场、体育馆、健身房、游泳馆等资源充分利用起来开展体育活动，为青少年参与体育锻炼提供便利。

第四，发挥家庭、社区的作用。一方面拓展渠道，广泛筹集资金，建立多元协同机制来保障青少年的体育锻炼，拓宽路径使社会资源在青少年体育锻炼领域得到充分的运用，引导社会各界力量的共同支持；另一方面，在青少年体育锻炼过程中加强监督、检查和指导，多开展群体性体育活动，培养青少年学生的合作与竞争意识。

第三节　运动锻炼的身心效益

一、体育锻炼有助于保持身体健康

体育锻炼是增强体质的最积极、有效的手段之一。体育锻炼有利于人

体骨骼、肌肉的生长，增强心肺功能，改善血液循环系统、呼吸系统、消化系统的功能状况，有利于人体的生长发育，提高抗病能力，增强机体的适应能力。能够降低儿童在成年后患上心脏病、高血压、糖尿病等疾病的概率，可以减少过早进入衰老期的危险。

体育锻炼能改善神经系统的调节功能，提高神经系统对人体活动时错综复杂变化的判断能力，并及时做出协调、准确、迅速的反应；使人体适应内外环境的变化，保证肌体生命活动的正常进行。经常参加体育运动能使人在空间、运动感知能力等方面得以发展，使本体感觉、重力觉、触觉、速度和高度等更为准确，从而提高脑细胞工作的耐受能力。

体育锻炼还可以增强骨承受负荷，减缓骨质疏松。1999年第三届国际骨质疏松研讨会上，美国骨科教授Frost介绍了骨质疏松的新概念——在神经系统调控下的肌肉质量（肌肉容积和力量）是决定骨强度（包括骨量及骨结构）的重要因素。澳大利亚的另一研究发现，股四头肌越弱，骨质丢失越多。可见，运动在保持肌肉强度的同时，也减缓了骨质脱钙、疏松。

二、体育锻炼有助于改善情绪

应激反应是指一种不适宜的紧张表现。通过运动可以降低应激反应，这是因为运动可以降低肾上腺素能受体的数目或敏感性，可以降低心率和血压而减轻特定的应激原对生理的影响。

心理学实验表明，运动具有减轻应激反应以降低紧张情绪的作用。运动可以锻炼人的意志，增加人的心理坚韧性。我国著名心理学家陈仲庚认为，在已发现的可以降低个体生活中心理应激发生率的影响因素中，社会支持和体育运动是最为突出的两个因素。心理学家指出，与习惯坐着的人比较，经常从事运动的人更少产生生理上的应激反应，如果有应激反应，也能尽快地从中恢复过来。要求一些高应激反应的成年人参加散步或慢跑训练，或接受预防应激训练。结果发现，接受其中任意一种训练方法的被试者都比控制组被试者（即未接受任何方式训练的被试者）处理应激情景的能力强。

关于有氧健身运动与心理应激和紧张的研究显示，有氧运动降低心理应激反应。研究试验组参加持续25分钟的、不同强度的有氧运动，而控制组是观看电视。报告结果发现运动后积极情绪增多，消极情绪减少，持续30分钟左右的一次性身体活动所产生的短期情绪效益可改善心境状态，可缓解焦虑与紧张情绪，活动中可产生一些良好情绪体验。

体育锻炼具有调节人体紧张情绪的作用，能改善生理和心理状态，恢复体力和精力，舒展身心，有助安眠及消除读书带来的压力；体育锻炼可以陶冶情操，保持健康的心态，充分发挥个体的积极性、创造性和主动性，从而提高自信心和价值观，使个性在融洽的氛围中获得健康、和谐的发展。

研究发现，坚持每周2～4次的体育锻炼，持续8～10周以上，可产生长期情绪效益。主要表现在它与心理自我良好感觉相关，对焦虑、抑郁等消极情绪有治疗作用。现代社会的快节奏和激烈的竞争，使人们常常受到情绪波动和过度紧张的刺激。要适应这种环境并保持良好的心理状态，就必须多参加各种形式的体育运动，以缓解内心的紧张情绪，使身心张弛适度，始终保持在一种比较稳定、积极的状态之中。

烦恼的最佳"解毒剂"就是运动，当您烦恼时多用肌肉，少用脑筋，其结果将会令您惊讶不已。没有人能在健身房或爬山等激烈运动的时候，还对刚才发生的不快之事耿耿于怀。不管是什么人，体育运动都能使您的精神为之一振。一个人身体越健康（包括心理的健康），抵抗疾病和工作、家庭压力的能力越强。

三、体育锻炼有助于增强社会适应能力

我国著名的医学心理学家丁瓒教授指出：人类的心理适应，最主要的就是对于人际关系的适应，所以，人类的心理病态，主要是由于人际关系的失调而来。随着社会经济的发展以及生活节奏的加快，许多生活在大城市的人，越来越缺乏适当的社会交往，人与人之间的关系趋向冷漠，因此体育锻炼就成为一个增进人与人接触的最好形式。通过参加体育运动，可

以使人与人之间互相产生亲近感，使个体社会交往的需要得到满足，丰富和发展人们的生活方式，有利于个体忘却工作、生活带来的烦恼，消除精神压力和孤独感。

四、体育锻炼有助于对自我的认识

体育运动大多是集体性、竞争性的活动，自己能力的高低、修养的好坏、魅力的大小，都会明显地表现出来，使自己对自我有一个比较符合实际的认识。体育运动还有助于自我教育。在比较正确地认识自我的基础上，便会自觉或不自觉地修正自己的认识和行为，培养和提高社会所需要的心理品质和各种能力，使自己成为更符合社会需要，更能适应社会的人。

第三章

青少年健康促进的运动锻炼路径

体育锻炼能够促进人们的身体健康，对青少年来说，坚持进行体育锻炼无疑具有积极的意义。本章就对青少年健康促进的体育运动路径进行具体介绍，对运动锻炼与健康促进的基本原理、基本原则与方法、注意事项等进行详细的讲解。

第一节　运动锻炼与健康促进的基本原理

一、运动锻炼对人体各系统的影响

1. 对运动系统的影响

人体的运动是由运动系统实现的。运动系统由206块骨骼、400多块肌肉以及关节等构成。体育锻炼可以让运动系统产生良好的适应性变化，具体表现为以下几个方面。

（1）促进结构功能的有利变化。

人在参加体育锻炼时，血液供应增加，蛋白质等营养物质的吸收与储存能力增强，肌纤维增粗，因而肌肉逐渐变得更加粗壮、结实，肌肉力量增强。由于肌肉中肌红蛋白的增加使其结合氧气的能力增强；储存的营养物质——肌糖原增加；肌肉内毛细血管的数量也增多了，更能适应运动或劳动的需要。这就使得结缔组织也逐渐增多，肌肉的生理横断面和体积增加，肌肉纤维增粗。肌肉含量增加，脂肪含量就会相对下降，使人体基础代谢率提高，有利于人体健康。同时，还可以加强肌肉收缩时的力量，加快肌肉的收缩速度，灵活性、耐久性提高，弹性、柔韧性增强。

（2）提高关节的柔韧性和灵活性。

经常参加体育锻炼的人，可以增加关节面软骨和骨密质的厚度，并可让关节周围的肌肉发达，关节囊和韧带增厚，因而，可让关节的稳固性和抗负荷能力加强。在增强关节稳固性的同时，由于关节囊、韧带和关节周围肌肉的弹性和伸展性提高，关节的运动幅度和灵活性也大大增加。

（3）强化骨结构，提高骨性能。

经常参加体育锻炼的人，由于其新陈代谢增强，血液循环加快，骨结构和性能也随之发生了变化，增强了骨质。球类体育锻炼引起肌肉对骨骼牵拉和重压，使骨骼不仅在形态方面产生了变化，而且让骨骼的机械性能也得到了提高。骨骼在形态方面最明显的变化是：肌肉附着处的骨突增大，骨外层的骨密质增厚，而里层的骨松质在排列上则能适应肌肉拉力和压力的作用。这就使骨质更加坚固，可以承担更大的负荷，提高了骨骼抵抗折断、压缩、弯曲、拉长和扭转的能力。同时，还能刺激骺软骨的增生，对人体的增高有很大的意义。

2. 对呼吸系统的影响

呼吸系统主要包括呼吸道和肺两个部分，在它们的活动下，人体实现与外界的气体交换，从而为人体的各项生理活动提供必要的氧气供应，同时排出人体内生成的二氧化碳。呼吸系统是代表人体生命活动的标志，对人体的健康发展有着重要的作用。

（1）提高呼吸系统的功能水平。

经实验研究显示，经常进行体育锻炼，会使机体的呼吸频率相对减少，呼吸深度加大，由于呼吸肌的力量增强，肺泡弹性增大，肺活量和肺通气量的指标明显增大。例如，一般成年女子的肺活量为2500毫升左右，成年男子的肺活量为3500毫升左右。安静状态下一般人的呼吸频率为12～16次/分，肺通气量为6～8升/分，而经常参加体育锻炼的人呼吸频率仅为8～12次/分，就可达到同样的肺通气量。呼吸系统功能水平的提高和改善，对保持健康和预防疾病都非常重要。

（2）促进呼吸器官结构的改变。

一些体育运动的强度比较大，肌肉活动比较剧烈，消耗的氧气量、产生的二氧化碳量都会很大，于是，呼吸系统必须加大工作量才能满足机体活动的需求。因而，人体呼吸频率加快，呼吸次数增加，深度加深，胸廓活动度加大。尤其是大负荷的运动练习时，呼吸次数可增到40～50次/分，每次吸入空气量达到2500毫升，是安静时的5倍。同时，由于运动时对氧的需求量增加，呼吸的深度加大，经常锻炼就会提高呼吸效率，肺泡也会最大限度地参与气体的交换，这会促进肺泡的生长发育及弹性的改善。

3. 对神经系统的影响

神经系统对人体内分泌系统的控制、调节作用是在与其他各器官、系统的共同协调下实现的。在不同器官的共同作用下，人体成为一个统一的整体，不断适应着内外界环境的变化。合理的体育锻炼对于神经系统的功能起着全面的促进作用。

（1）提高神经系统的反应能力和灵活性。

人们在参与一些运动负荷较大的运动时，神经系统需要迅速动员和调节各器官与系统的功能，使之适应肌肉活动的需要。同时，一些运动项目中采用的是开放式的运动环境，如街舞、健美操等，都是采用较快的音乐节奏刺激机体的应激能力，加强神经系统的兴奋，抑制交替转换的灵活性，改善神经系统对全身各系统的迅速调节能力、反应速度及灵活性，使人体活动时的动作更协调、灵敏和准确。

（2）提高大脑皮层神经细胞的耐受性。

经常参加体育锻炼，可以促进血液循环加快，使单位时间大脑血流量增多，脑细胞得到更多的营养，提高大脑的功能，加快神经疲劳的消除，提高大脑抗疲劳的耐受力，进而提高大脑长时间工作的能力。

（3）提高人体对环境的适应能力。

经常参加体育锻炼的人血管收缩的反应性、基础代谢率等都会得到较大的改善，体温调节能力加强，对气候的变化反应灵敏，在受到环境温度变化时能够迅速保护和防御，以免机体受到伤害。因此，长期参加体育运动的人，体格健美、体质增强，环境适应能力和免疫力都会高于一般人。

（4）延缓大脑组织的衰老。

大脑是人体中的信息器官，而信息器官需要不断的信息刺激，如果大脑长期处于"信息饥饿"状态，则必然会出现大脑早衰。为了防止大脑早衰，最有效的方法就是给大脑以良性刺激，而合理的体育锻炼就是最好的运动性良性刺激。四肢的骨骼、肌肉在进行体育锻炼时，可以将外周效应器上的信息，作为输入信号反馈给中枢神经系统，刺激中枢神经系统，从而维持中枢神经系统处于一定程度的激活状态，维持甚至增强其应激能力。

4. 对心血管系统的影响

在血液循环的作用下，人体实现了与外界物质的交换以及体内物质的运输，如果血液循环停止，则人的生命也将终结。可见，心血管系统对人体生存的重要意义。参与体育锻炼对心血管系统的作用主要表现在以下几个方面。

（1）促进血液循环，防治心血管疾病。

一般情况下，正常人的血液总量只占体重的8%，而经常参加体育锻炼的人的血液总量约占体重的10%，且血液的重新分配功能快，这就保证了人体在承受较大的生理负荷时，经过神经系统的调节，反射性引起肝和脾释放储存的血液。同时，血管的收缩和舒张，动员了大量血液参加循环，保证了肌肉活动时的血液供给。

（2）提高免疫功能。

体育锻炼可以使总血量增加25%。一般成年男子每立方毫米血液中含有红细胞450万～550万个，成年女子有380万～460万个。经常参加体育锻炼的人，血液中红细胞增多，可达每立方毫米600万～700万个，这是因为运动能够改善红骨髓的造血功能。运动对血液中具有免疫功能的白细胞影响较大，在体育锻炼后白细胞数量明显增加。

（3）改善心肺功能。

经实验研究发现，经常参加体育锻炼能使心肌肌红蛋白的含量增加，组织代谢能力加强，供血量增加，使心肌纤维变粗，心脏的重量和大小增加，心脏搏动有力。由于心壁增厚，心腔增大，使心脏的收缩能力提高，心脏容血量增大。一般人的心脏容血量为765～785毫升，而如果经常进行体育锻炼，其心脏容血量可达到1015～1027毫升，每分钟输出量和每搏输出量也都有所增加（每搏输出量指一次心搏，一侧心室射出的血量）。

5. 对消化系统的影响

消化系统通过分泌相应的物质实现人体对营养物质的消化和吸收，最终为人体的生理活动提供必要的营养和能量。食物在消化管内被分解为小分子物质，然后，这些物质进入血液和淋巴液，剩余的残渣通过大肠排出体外。消化系统由两部分组成，即消化道和消化腺。

体育锻炼对消化系统的整体功能具有一定的提高作用，如加强肠胃的蠕动，促进肠道内消化废物的排泄。运动实践表明，长期进行体育锻炼能够有效促进肠胃平滑肌和消化道括约肌功能的改善，使其变得更强壮，从而使得肠胃的蠕动更加有力，促进肠胃消化功能的增强，促进排便。同时，长期进行体育锻炼能够使得人体内固定内脏器官的韧带增强，有效预防胃肠下垂疾病。肠胃蠕动功能的增强能够使得人体更加积极地消耗肠胃外壁的脂肪组织，降低腹腔内的压力，减轻腹内压力对于肾脏、脾脏等器官的不良作用，从而使得脏腑器官能够更好地保持健康的生理状态。

规律的体育锻炼能够促进人体的消化液分泌和脂肪代谢，在提高肠胃对食物的消化和吸收能力的同时，还能够促进食欲。这能够使得人体更加高效地吸收食物中的各种营养素，对人体的营养均衡具有重要的作用。

二、运动锻炼对青少年的意义

1. 可以发展青少年身体运动能力

身体运动能力作为人的有机体在运动活动中所表现出来的功能能力，是人的生命活力的重要标志。人在生长发育过程中，随着肌肉、骨骼的日趋变粗、长长，关节也变得灵活而稳固，身体运动能力也呈增长趋势。但不能高估人的自然生长对身体运动能力的促进作用。事实上，人体从出生到长大成人，如果不参加任何一种形式的体力活动（如体力劳动和体育锻炼），则他们的身体活动能力是相当低下的。

体育锻炼是提高身体运动能力的重要手段。通过系统的体育锻炼，可以较大幅度地提高人的走、跑、跳、投等基本运动能力，可以有效地发展力量、速度、耐力、柔韧、灵巧等身体素质。与此同时，在发展运动能力的过程中，也有利于人体形态和功能发生良好的变化。人们在运动时通过多种手段发展速度、力量、柔韧、耐力等素质时，在中枢神经系统的影响下，各器官系统的功能水平也相应得到提高。人们在欣赏优秀运动员的比赛和表演时，常常为其所表现出的非常人所具有的身体运动能力而赞叹不已，这正是他们日复一日、年复一年地刻苦训练的结果。

2. 可以提高青少年人体适应能力

人体适应能力包括人对外界自然环境的适应力、对疾病的抵抗力以及疾病损伤后的修复力。人体适应能力是人的体质强弱的一个重要方面，也是人们维持正常生命活动的一种重要能力。

人类具有征服大自然的能力，人类本身就是在不断地与大自然的抗争中逐步进化成现代人的。现代人既要用科学的头脑去认识自然界的奥秘以改造自然，又要用强壮的身体、不屈的意志去适应自然界的变化以保持自身的生存繁衍。这就要求人进行各种适应性锻炼，而健身锻炼则是其中的一剂良方。

同时，人体在各种生命活动过程中，体内平衡及其与外环境的平衡时常会遭到破坏，机体本身必须及时进行调整，以保证正常的生命活动。当人体调节功能不足以维持这种平衡时，就会产生各种病变。人体的各种免疫机制和各器官的调节机制，对机体的各种病变有着一定的抵御和"缓冲"作用，从而形成人体特有的对疾病的抵抗能力，以及病损后的修复能力。上述各种能力的获得，直接与体质的强弱相关。通过在各种环境下的健身锻炼，全面提高人的体质水平，有利于提高这类能力。

3. 可以提高青少年的认知能力

体育锻炼各项目都有一个共同的特点，即在运动或高速运动中要求运动者既要能对外界物体（如球、器械、环境等）做出迅速准确的感知与判断，又能迅速感知、协调自己的身体以保证动作的完成。长期的体育锻炼对促进人的感觉、知觉能力的发展，提高人的反应速度和直觉判断能力有着积极的作用，可以让人变得敏锐、灵活。

另外，一些体育运动能够促进人们知识水平的提升，并提高其知识的运用能力。最为典型的野外生存运动和定向运动，其需要参与者能够运用指南针、地图，并能够辨别相应的植物、动物，其认知能力在运动过程中得到了一定程度的提升。

4. 对青少年心理具有积极影响

体育运动对青少年心理方面具有积极影响，主要体现在以下几个方面。

（1）有助于确立良好的自我概念。

自我概念是个体主观上对自己的身体、思想和情感等的评价，它是由许多的自我认识所组成，包括"我是什么人""我主张什么""我喜欢什么""我不喜欢什么"等。由于坚持体育锻炼可使体格强健、精力充沛，因而，体育锻炼对于改善人的身体表象和身体自尊很重要。

　　身体表象是指大脑中形成的身体图像。身体表象障碍在正常人群中普遍存在，据有关资料显示，54%的大学生对他们的体重不甚满意。与男生相比，女生倾向于高估她们的体重，而且身体肥胖的个体更可能有身体表象和身体自尊方面的障碍。身体自尊主要包括一个人对自己运动能力的评价，对自己身体外貌（吸引力）的评价，以及对自己身体的抵抗力和健康状况的评价。身体表象和身体自尊与整体自我概念有关，无论男生还是女生，对身体表象的不满意会使个体自尊变低，并产生不安全感和抑郁症状。有研究表明，肌肉力量与身体自尊、情绪稳定性、外向性和自信心相关，加强力量训练会使个体的自我概念显著增强。

　　（2）有助于提高抗压能力。

　　体育锻炼对心理健康影响的主要标志之一就是情绪状态，也是人的自然需要是否得到满足而产生的一种体验。情绪几乎参与人的所有活动，对人的行为活动起着很大的调节作用。而体育锻炼是人体情绪的调节剂，对人的情绪产生良好的影响。

　　现代社会的人们处在快节奏、高效率、强竞争的环境下，心理上会产生一定程度的紧张、焦虑和不安的反应。通过体育锻炼可以使不良的情绪状态得到改善，心理承受能力得到提高。

　　（3）有助于培养良好的意志品质。

　　意志品质通常是指一个人的目的性、自觉性、自信性、坚韧性、自制力以及勇敢顽强和主动独立等精神。意志品质既是在克服困难的过程中表现出来的，又是在克服困难的过程中培养起来的。锻炼者越能克服困难也就越能培养良好的意志品质。通过进行相应项目的体育锻炼，能够使人变得坚韧而勇敢，并能够更好地面对学习和生活中的各种困难和障碍。体育锻炼对于培养人们的意志品质，如勇敢、顽强、坚毅、果断、自信心、自制力等方面均具有重要作用。人们在具有明确目的的体育锻炼活动中，常常需要不断克服客观困难（如气候条件的变化，动作的难度或意外的障碍等）和主观困难（如胆怯和畏惧心理，疲劳或运动损伤等），这就需要足够的意志力量。另外，一些中长跑、野外生存运动以及极限运动等，都是对人的意志品质的挑战，能够促进其意志品质的提高。

三、运动锻炼与健康促进的常见误区

在进行体育运动时，有一些常见的误区，尤其是对青少年来说，如果对体育运动的认识不到位，不仅不能起到体育锻炼的效果，反而会适得其反。下面就介绍运动锻炼常见的几个误区。

1. 减肥就是降体重

很多人将减肥和降低体重等同起来，认为减肥就是降体重，这其实是一种错误的观念。人体包括50% ~ 60%的水分、15% ~ 30%的脂肪和15% ~ 30%的肌肉和骨骼。减肥是减去体内多余的脂肪，而减重则并不一定是体内脂肪的减少。竞技运动员为了竞技项目的需要，往往采用减重的方法来符合各个级别的体重标准，或获得一定的体重优势。

在进行减肥之前，应对自身身体成分进行测量，重点关注体脂的百分比，如果体脂百分比并不高，则不必进行减肥。如果女性体内脂肪低于10% ~ 12%，则可能出现月经紊乱、缺铁性贫血、免疫力降低等问题。

2. 体重越轻越好

很多青少年尤其是女生认为，体重越轻越好，这是一种错误的观念，应及时纠正。现代人以瘦为美，并且瘦身已经成为一种时尚，在这种"时尚"的影响下，减肥成为很多女性日常生活中的重要活动。但是关于体重，应从三个方面进行理解：首先，肥胖有害健康，这是人们普遍认可的；其次，减肥是要减去体内多余的脂肪；最后，体重过低不利于人体的健康。

当人体肥胖时，其体内脂肪过多，很容易引起人体的生理和心理的不良变化，对健康形成一定的威胁。当人过于肥胖时，高血压、心脏病、糖尿病等疾病的发病率会增高，并且也更容易患上脂肪肝、内分泌紊乱等疾病。另外，由于现代社会以瘦为美，肥胖会让人产生一定的心理压力，形成一定的心理障碍。因此，如果肥胖，应通过多种手段来减去体内的多余脂肪。不过需要注意的是，脂肪组织是人体的重要组成部分，具有多方面的生理功能，如保温、供给脂肪酸、携带脂溶性维生素等。如果处于青春期的女性其体内脂肪含量不足体重的17%时，就很难形成月经初潮，不利于生殖系统的发育以及功能的完善。体重过低还会造成免疫力降低、骨质疏松、女性月经不调等，影响成年人的体质健康。

3. 跑步是有氧运动，力量练习是无氧运动

很多人认为跑步、游泳是有氧运动，而力量练习是无氧运动，这是一种错误的观点。有氧运动与无氧运动之间的区别并不在于运动的形式，而是在于人体在运动时的能量代谢方式。当人们吸入的氧气能够满足机体在运动时对于氧气的需要时，氧气的供应达到了供需平衡，人体的能量代谢方式主要是有氧代谢；如果人体吸入的氧气量并不能满足人们运动的需求时，人体提供能量的主要方式则转变为无氧代谢——糖、脂肪和蛋白质的分解代谢。

以最简单的跑步运动为例，当人跑步的速度较慢时，运动强度相对较小，此时机体的供能方式主要是有氧代谢，则运动也为有氧运动；当跑速较快时，则人体的供能方式主要是无氧代谢，则该运动为无氧运动。因此，我们不能将一项运动简单地归纳为有氧运动或无氧运动，更应该注重其运动的强度。

第二节　运动锻炼与健康促进的基本原则与方法

一、运动锻炼与健康促进的基本原则

1. 针对性原则

针对性原则是指锻炼身体应从个人的实际情况和外界环境条件的实际出发，确定锻炼的目的，选择适宜的运动项目，合理地安排运动时间和运

动负荷。针对性原则是增强身体素质及提高运动水平必须遵守的原则，具体来说，要做到以下两点。

（1）从自身的实际出发。

由于性别、年龄、体质和健康状况的差异，锻炼要从自己的实际情况出发，有目的地选择和确定运动项目、练习方法，合理地安排锻炼的时间和运动负荷。在每次锻炼前要评估自己当时的健康状况，使运动的难度和强度不超过自己身体的承受能力。

（2）充分考虑外界环境对体育运动的影响。

参加体育运动时，要从季节、气候、场地、器材等外界条件的实际情况出发，按照科学锻炼的方法来选择运动项目、练习时间、运动负荷，才能收到良好的锻炼效果。如在冬季应着重发展耐力和力量素质，在春、秋两季重点进行技术性项目，在炎热的夏天，游泳是比较理想的运动项目。不要在阳光下运动时间过长；在力量训练前要仔细检查器械，避免事故的发生。

2. 循序渐进原则

青少年应当认识到，体育运动是一项需要长期坚持的运动，因此，不能急于求成，必须遵循循序渐进原则。所谓循序渐进原则是指体育锻炼的内容、方法和运动负荷等，必须根据人对事物的认识规律、动作技能形成规律和生理功能的负荷规律，由小到大、由易到难、由简到繁、由低级到高级逐步进行。在体育运动中，急于求成只会导致事与愿违，甚至还会造成伤害事故或给身体带来某些生理损伤。因此，进行体育运动时，学习动作要由易到难，运动量由小到大，运动强度（刺激强度）应由弱到强。同时，应根据年龄、性别、身体素质水平，因人而异地安排练习的内容，这样才能收到良好的效果。

体育锻炼负荷的适量性是循序渐进原则的内在要求。在体育锻炼的不同阶段，应安排合适的负荷量，并随着体育锻炼的进行而积极对体育锻炼的负荷量进行相应的调整，这样才能够使体育锻炼的效果达到最佳。

3. 自觉性原则

人们在进行体育锻炼时，一般都会有相应的目的性，只有自觉投入其中，才能够起到更好的锻炼效果。因此，青少年体育锻炼应当坚持自觉性原则，这也是进行体育锻炼的基本原则。为了提高学生进行体育锻炼的积极性，首先应提高其对体育运动的认识，树立终身体育思想，使学生能够掌握相应的知识和技能，并且在以后的工作和生活中能够运用所学内容积极进行体育锻炼。体育锻炼的制约性和监督性都不强，锻炼者有很大的自主性，如果没有一定的自觉性，则很难坚持进行体育锻炼。

为了促进自觉性的提高，首先应明确锻炼的目的，因为一个人的动机直接决定了其行动的质量。例如，有人是为了更健全的生长发育；有人是为了某些运动技能与成绩的提高；有人是为了调节紧张的学习生活；有人是为了更加健美结实；还有人则是为了锻炼意志、防治疾病。只有明确目的、强化动机，才能够更好地贯彻自觉性原则。

4. 全面性原则

全面性原则是指身体锻炼应全面发展身体的各个部位、各器官系统的功能、各种身体素质和活动能力，追求身心的和谐发展。体育运动不仅应包括不同身体部位的活动，更重要的是应该包括多种项目和不同性质的活动，进行全面锻炼。身体各系统都是相互联系、相互制约的，身体某一方面的发展必然会影响到其他方面的发展，而全面发展就能相互促进，共同提高。大学生大多处于生长发育的后期，身体仍具有一定的可塑性。因此，在体育运动中贯彻全面性原则尤为重要。体育项目对人体锻炼的作用各有不同，如参与短跑运动能够发展速度；参与投掷、举重运动能够发展人的力量；参与长跑运动能够使人的耐力得到发展；而参与篮球、足球等运动则能够发展人的灵敏性和协调性。所以，为了能够使身体素质得到全面的发展，应对体育锻炼项目进行合理搭配。

5. 经常性原则

经常性原则是指身体锻炼必须持之以恒，使之成为日常生活中的重要内容。运动技术的形成和提高，人体各组织系统功能的改善，是肌肉活动反复多次强化的结果。不经常锻炼，后一次锻炼时，前一次锻炼的痕迹已经消失，失去了累积性的影响作用，因此，效果也就很小，甚至不起作用。同时，运动技能的形成，人体结构、功能的改善，身体素质提高，都受着生物界"用进废退"规律的制约。不经常锻炼，已取得的效果也会逐渐消退。俗话说："拳不离手，曲不离口"所揭示的就是这个道理。

为了更好地贯彻经常性原则，应注意养成良好的体育锻炼习惯。在进行体育锻炼之前应制订相应的计划，并按照相应的计划进行锻炼，形成有规律的习惯和稳定的生物钟，这样，锻炼才能够持之以恒。

二、运动锻炼与健康促进的基本方法

1. 连续锻炼法

从增强体质的良好效果出发，在需要间歇的时候就停一会儿，在需要连续的时候就持续地进行下去，所以，不能仅讲究间歇，还要讲究连续。连续、间歇、重复都是在同一锻炼过程中实现的。连续、间歇、重复等因素各有其特有的作用，连续的作用在于持续负荷量不下降，维持在一定的水平上，使身体充分地受到运动的作用。

连续锻炼时间的长短，同样要根据负荷价值有效范围而确定，通常认为在140次/分左右心率下连续锻炼20～30分钟，可使机体的各个部位都能获得充分的血液和氧的供应，因而能有效地发展有氧代谢能力。实践中，用于连续锻炼的主要是那些比较容易并已为锻炼者所熟悉的动作，比如跑步、游泳等。

2. 重复锻炼法

重复次数的多少不同，对身体的作用也不同。重复次数越多，身体对运动反应的负荷量越大。如果重复次数不断地增加，可能使身体承受的负荷达到极点，乃至破坏有机体的正常状态，造成伤害。

运用重复锻炼方法，关键是掌握好负荷的有效价值范围（即最有锻炼价值负荷量下的心率）并据此调节重复次数。在重复锻炼中，对负荷如何控制、怎样去重复才能达到理想效果的负荷程度，应视实际情况而定。

在采用该方法进行练习时，既要保证每次重复练习的质量，又要克服单纯重复造成的枯燥感。重复锻炼法在一定程度上是对锻炼者意志力的考验。

3. 变换锻炼法

变换锻炼法可以有效地调节生理负荷，提高兴奋性，强化锻炼意向，克服疲劳和厌倦情绪，以达到提高锻炼效果的目的。

在刚参加体育锻炼时，锻炼者可多做些诱导性练习和辅助性练习。随着锻炼水平的提高，应加大练习的难度，如用越野跑代替在田径场的长跑等。由于锻炼条件的变化，可使锻炼者的大脑皮层不断地产生新异的刺激，提高兴奋性，激发锻炼的兴趣，从而提高机体对负荷的承受能力，提高锻炼效果。另外，不断地对锻炼的内容、时间、动作速率等提出新的要求，可有效地调节生理负荷，使机体不断产生适应性变化，达到更好的锻炼身体的目的。

4. 间歇锻炼法

人们认为体质增强的过程是在运动中实现的，其实体质内部增强过程主要是在间歇中实现的，是在休息过程中取得了超量恢复。间歇对增强体质的作用并不亚于运动本身。自古以来就有以静练身的经验，在现代科学的基础上，人类更清楚地认识到在间歇时间内有机体的各种变化，认识了保持同化优势的重要性，所以，把间歇作为一种健身的基本方法。

与重复锻炼法一样，间歇的时间也要依据负荷的有效价值标准去调节。一般来说，当负荷反应（心率）指标低于有效价值标准时，应缩短间歇时间；而在高于有效价值标准时，则可延长间歇时间。通过适当的间歇，把负荷量调节到负荷有效价值范围，以追求良好的锻炼效果。实践中，一般心率在130次/分左右时，就应再次开始锻炼。间歇时不要做静止休息，而应边活动边休息，如慢速走步，放松手脚，伸伸腰腿或做深而慢的呼吸等。这是因为轻微活动可使肌肉对血管起到按摩作用，帮助血液循环和排除代谢所产生的废物。

5. 循环锻炼法

循环锻炼法由几个不同的练习点组成。一个点上的练习一经完成，练习者就迅速转移到下一个点，下一个练习者依次跟上。练习者完成了各个点上的练习，就算完成了一次循环。

循环练习法对技术的要求不高，且各项目都采用比较轻度的负荷练习，所以，练起来简单有趣。另外，在采用该锻炼方法时，关键是要按照全面性原则去搭配项目，使得身体功能、身体素质等各方面都得到一定的发展。因此，在锻炼时应注意科学地搭配项目。

6. 竞赛锻炼法

竞赛锻炼法是指在近似、模拟或真实、严格的比赛条件下，按比赛的规则和方式进行锻炼的方法，它是根据人类先天的竞争和表现意识、竞技能力形成过程的基本规律和适应原理、现代运动比赛规则等因素而提出的一种锻炼法。

通常在竞赛的条件下，可提高锻炼者锻炼的积极性。练习者在比赛中能相互交流经验，有助于全面地提高技战术水平。此外，竞赛锻炼法还可以提高锻炼者的心理承受能力，培养意志品质，形成积极的、拼搏的、良好的生活态度。当今社会各个方面都存在一定程度的竞争，在体育教学过程中，通过运用竞赛锻炼法进行教学，能够在一定程度上树立学生的竞争意识，使其能够更好地应对以后的工作和生活。

第三节　青少年运动锻炼促进健康的注意事项

一、注意良好体育锻炼环境的选择

不同的体育锻炼环境对体育锻炼者的生理影响和心理影响不同，锻炼效果也会有很大的差别，因此，对于良好、适宜的体育锻炼环境的选择非常重要。

下面重点从生理方面对大学生体育锻炼环境的选择进行详细分析。

1. 冷环境

（1）冷环境对个体的生理刺激　低温环境中，个体的体温每下降超过1℃，就会对其身体功能产生很大的损害。根据人体体温变化，低温刺激下人体有三个阶段的明显变化。

① 兴奋增强期—体温下降到34℃，中枢神经系统处于兴奋状态，增强延脑的呼吸和心血管中枢的兴奋性，植物性功能亢进。外在生理表现为打寒战。

② 兴奋减弱期—体温下降到31℃，人体会丧失对疼痛刺激的感受性，体内的代谢活动会降低，皮肤毛细血管产生收缩，皮肤苍白；机体肌肉僵直；呼吸和心率缓慢。

③ 完全麻痹期—体温下降到20℃，人体反射性反应会消失，呼吸微弱，血压下降，脉搏微弱，可出现昏睡状态，如不及时救治会有生命危险。

（2）冷环境对体育锻炼的影响　在寒冷环境下运动，人体有以下几方面表现。

① 温度过低会使肌肉的黏滞性增大，肌肉僵硬，肌肉收缩速度减慢，运动能力下降。暴露在环境中的身体部分可能会冻伤。

② 温度过低会对中枢神经系统造成损害，使神经活动过程减慢，思考判断能力下降，动作迟缓，容易受伤。

③ 寒冷环境中，穿着服装会对机体动作造成阻碍，从而使运动负荷增大。

④ 低温可引起人体内物质代谢过程增强，增加机体耗氧，降低氧的运输能力，导致最大摄氧量降低；如果环境温度持续降低可使体温继续下降，可进一步加重运动中的缺氧。

因此，在低温环境中进行运动要做好充分的准备活动，以提高机体的代谢水平和体温。此外，还要注意保温和适宜的散热。

2. 热环境

（1）热环境对个体的生理刺激　热环境下运动会引起体内热积蓄增加，导致体内环境的各种改变，进而引发以下几个方面的生理变化。

① 能量供应的变化　在热环境中，人体的心率和体温会随之增加，应需要摄入更多的氧，呼吸活动会增加，需要消耗更多的肌糖原并产生大量的乳酸，同时热环境下人出汗量会增加，过多的能量消耗和水分流失可导致运动疲劳很快出现。

② 心血管功能的变化　在热环境条件下运动时，人体的循环系统主要是将血液输送到皮肤和工作的肌肉。由于人体血容量有限，一部分组织器官血流量增多必然会导致另一部分组织器官的血流量相应减少。因此，热环境中，为了更好地散热，在体温调节中枢的调节作用下，心血管系统会将更多的血液直接输送到皮肤，进而会导致参与工作肌肉的血液供应不足，降低工作肌肉的耐力。

③ 体液平衡的变化　当外界温度超过体表温度时，人体就需要不断散热来降低温度，维持体内温度的平衡，因此排汗量会大大增加，机体就没有时间对汗液中的钠和氯化物（电解质）进行吸收。汗液中的钠和氯化物的含量会较高，体内大量电解质的流失可导致体内环境发生变化，降低运动能力。

（2）热环境对体育锻炼的影响　研究表明，在热环境中进行大负荷运动时，每平方米体表面积每小时排出的汗液超过1升，几小时可丢失身体中大量水分，使体内的血容量减少，进而降低机体运动能力。

热环境中参与体育锻炼如果不能做到很好地散热和补水，就可导致热疲劳或中暑情况的发生。

① 热疲劳　热疲劳主要症状有极度疲劳、头昏眼花、呼吸微弱、呕吐、昏厥、低血压、皮肤干燥、脉搏加快等。其原因是心血管系统无法满足身体的需要。血流量不足，下丘脑无法充分发挥功能，输送到皮肤的血流量不足，身体无法快速散热。当出现热疲劳症状时，要尽快到凉快的地方休息，并高抬双腿以避免休克。意识清醒者应补充适量的盐溶液；意识模糊者应进行静脉滴注生理盐水。

② 中暑　中暑是人体的一种热紊乱，如果不能得到及时的救治，严重时会危及生命。中暑性痉挛是由于体内矿物质的大量丢失和大量排汗伴随的脱水。大学生在体育锻炼中出现中暑症状后，应及时停止运动并到阴凉的地方，敞开衣物散热，可敷冰块降温，中暑严重者应及时就医。

总的来说，大学生体育锻炼应科学选择运动环境，尽量避免在过冷或者过热的环境中进行体育锻炼，冬季锻炼应做好保温措施和准备活动，夏季锻炼应做好补水和防中暑的工作。

此外，大学生体育锻炼还应选择在良好的天气进行，避免在有雾霾、大风、沙尘的天气中进行。锻炼环境应空气良好，在室内锻炼应有良好的通风条件。

二、注意体育锻炼期间的营养补充

大学生参与体育锻炼期间，机体会消耗大量的营养物质，这些物质的消耗会导致人体运动能力的下降。同时由于不同的体育锻炼内容对营养的需求不同，因此，为了保证大学生能在体育锻炼期间保持良好的体能和运动能力并充分完成体育锻炼任务，必须注重相应的营养补充。

1. 糖类的补充

糖类是身体热能的主要来源，在没有及时补充而又需要继续运动的情况下，机体会动员体内储备的糖原，从而造成糖原枯竭。严重的糖原枯竭有时是致命的。体育锻炼期间糖的补充，可以通过经常吃一些水果和蜂蜜等食物来实现，面粉、大米和马铃薯等食物中也含有大量的糖。

2. 脂肪的补充

脂肪是人体运动的重要能源物质。体育锻炼期间，大学生在补充脂肪时，脂肪量以占摄入总能量的20% ~ 25%为宜，须注意选用一些花生、玉米、大豆、芝麻、橄榄等素食，少吃动物性脂肪；如果偏好肉类可以多食用鸡肉、鱼肉等。需要特别注意的是，过多地摄入脂肪会增加体重，从而导致运动速度下降。脂肪的供给量应以满足生理需要为限，不要过量摄入。

3. 蛋白质的补充

在体育锻炼中，重视补充一定量的蛋白质是很有必要的。

如果大学生参与以提高力量和速度为目的的体育锻炼，应在锻炼期间确保蛋白质供应量为2克/千克体重，优质蛋白质应占1/3。奶制品和豆类及谷物中含有大量的蛋白质。需要特别注意的是，运动前蛋白质的摄入不宜过多，以免使机体代谢率提高而增加机体需水量，而运动也会消耗大量水，这样很容易导致机体缺水。此外，过多摄入蛋白会造成人体钙质流失，并增加肝脏负担。

4. 维生素的补充

维生素可参与机体代谢调节。随着体育锻炼强度的增加，机体中物质代谢过程会加强，对维生素的需要量也会增加，应及时补充维生素。人体内合成维生素的数量非常少，因此，必须要从食物中摄取。

5. 无机盐的补充

体育锻炼中，根据不同无机盐的消耗情况和对运动能力的重要影响，应特别注意以下几种无机盐的补充。

① 钾。口服钾可以迅速恢复生长素和胰岛素样生长因子的水平。

② 铁。体育锻炼中，铁需求量大，如流失严重，容易导致铁营养不良，在膳食中应加强铁的摄入。

③ 锌。锌与运动能力关系密切，能调节体内各种代谢，并影响睾酮的产生和运输，可饮用含锌饮料来补充锌。

④ 硒。硒具有消除过氧化物，增强维生素E的抗氧化能力等作用。体育锻炼期间，硒的摄入量应为平时的4倍，约每天200微克。

6. 水的补充

体育锻炼期间，活动量大，排汗量增加，水分会大量流失，应注意科学补水，具体应做到以下几点：

① 运动时提前补水，避免脱水的发生。

② 少量多次补水，避免一次性大量补水，以免增加胃肠负担。

③ 补水总量一定要大于失水的总量。

④ 补水同时兼具电解质的补充，可饮用运动饮料。

三、注意体育锻炼过程的疲劳恢复

体育锻炼需要机体进行各种各样的活动，长时间的科学运动和运动不当都会导致运动疲劳，重视体育锻炼期间和体育锻炼后的运动疲劳恢复有助于大学生身体始终保持良好的健康状态，并能积极地投入到下次的体育锻炼中去。

在体育锻炼实践中，青少年可结合自身情况选取以下几种方法适时进行疲劳恢复。

1. 补充营养

正如前面所说，体育锻炼期间，机体能源物质的消耗是机体疲劳产生的重要原因之一，因此，进行合理的营养补充能够使机体消除疲劳并恢复到最佳生理状态。

大学生体育锻炼期间，应注意各类营养物质的科学补充，以补充机体生理活动所消耗的物质，修复受损组织和消除疲劳。

2. 重视休息

首先，体育锻炼结束后，应做好休息与放松，以使呼吸系统、神经系统、心血管系统和内分泌系统等从适应运动的状态慢慢地恢复到安静状态，逐渐消除机体在运动锻炼中的疲劳，促进体力的主动恢复。

其次，体育锻炼期间，应适当增加睡眠，保持良好的作息习惯。睡眠状态下，机体各器官、系统活动下降到最低水平，机体消耗的能源物质可逐渐得到恢复。充足的睡眠能有效地消除疲劳，青少年运动训练后保证良好而充足的睡眠是使身体得到恢复的重要措施。

3. 物理措施

一些物理疗法和中医治疗措施能有效缓解运动性疲劳，虽然青少年不能全面掌握这些知识，但是可以通过简单的按摩或者求助于医师促进运动疲劳的恢复。

① 按摩。锻炼后，可通过揉捏、按压、叩击等手法作用于锻炼部位或全身。按摩时间、深度、力度等根据疲劳程度确定。

② 理疗。主要包括光疗、蜡疗、电疗等，这些方法能促进血液循环，改善血液供应，有利于营养物质的吸收，对消除疲劳有良好的促进作用。

③ 吸氧。在 2 ~ 2.5 个标准大气压下的高压氧舱内吸入高压氧，可增加血氧含量，提高组织氧的储备量，促进锻炼后酸碱平衡失调、肌肉僵硬、酸痛等问题的解除。

④ 拔罐和针灸。适用于体育运动后的局部严重疲劳或伴有损伤的局部性疲劳的恢复。

4. 音乐疗法

音乐是一种有规律的声音律动，可刺激人的神经系统，对人的心理活动能产生重要影响。通过听音乐（一般为舒缓、悠扬的音乐）可有效缓解中枢神经系统的疲劳，并消除机体疲劳。

5. 心理调节

心理学研究表明，可以通过运用心理学对大脑皮层的功能进行调节和消除机体疲劳。具体操作时，主要是通过一系列引导词来帮助青少年做一些适当的放松练习，练习时间以持续20～30分钟为宜。心理调节过程中配上舒缓的音乐则效果更佳。

四、注意体育锻炼的运动安全

参与任何形式的体育活动都带有一定的风险性，对于青少年来说，尽量降低和避免运动损伤的发生是体育锻炼中应该重视的问题。

一般来说，体育锻炼中的运动伤害发生的原因很多，如安全意识不强、准备不充分、技能水平有限、场地安全隐患等。为了做好运动安全工作，应注意以预防为主，及时处理，具体来说，应注意以下几点：

① 在体育锻炼过程中时刻注意提高安全意识，参与体育锻炼前，对各项运动器材进行认真检查。

② 体育锻炼应与自身情况相符，对那些明显超出能力范围的高难度动作不要冒险尝试。

③ 遵循运动训练的客观规律，有序提高运动负荷和技术动作的难度。

④ 青少年应掌握一些常见的体育锻炼运动伤病的处理方法，以便在发生运动损伤后及时处理。

第四节　青少年身体素质测评研究

身体素质测量与评价是对青少年体质状况进行研究中的两个不可分割的环节。测量是选择客观、有效和切实可行的项目指标，通过准确且经济的测量手段，再配合以严密的测试方法和程序，从不同方面对人的体质特征进行测量的过程。通过对身体素质的测量可以获得能反映体质的基本状况各方面的数据资料，为评价做好准备，使体质这一抽象且复杂的概念得以实现具体化、数据化和标准化。评价是依据所收集的定性和定量的数据资料，按照可靠的、有限的评价理论、标准和方法，评定具体对象的体质优劣的过程。

一、力量素质测评

1. 一分钟仰卧起坐

受试学生在软垫上仰卧，屈膝使大小腿垂直，头枕在十指交叉的双手上。同伴将受试学生踝关节握住，避免其在运动时脚离地。测试开始后，受试学生收腹坐起，双肘过膝，然后，还原仰卧，如图3-1所示。工作人员记录一分钟内受试学生总共完成的次数。大学生在一分钟仰卧起坐的次数越多，则受试者腹肌力量和耐力就越强。

（a）　　　　　　　　　　　　　（b）

图3-1　仰卧起坐示范图

在《国家学生体质健康标准》中，大学女生一分钟仰卧起坐测试的评价标准见表3-1。

表3-1　大学女生一分钟仰卧起坐评价标准

等级	成绩／分	仰卧起坐次数／（次／分钟）	
		大一、大二	大三、大四
优秀	100	56	57

续表

等级	成绩／分	仰卧起坐次数／（次／分钟）	
		大一、大二	大三、大四
优秀	95	54	55
	90	52	53
良好	85	49	50
	80	46	47
及格	78	44	45
	76	42	43
	74	40	41
	72	38	39
	70	36	37
	68	34	35
	66	32	33
	64	30	31
	62	28	29
	60	26	27
不及格	50	24	25
	40	22	23
	30	20	21
	20	18	19
	10	16	17

2. 原地纵跳摸高

学生右手中指沾白粉末，侧对墙而立，身体向墙壁靠拢，右脚靠墙根，右臂充分上举，中指尖点指印。测量指印高度，然后，让学生离墙20厘米向上起跳摸高，如图3-2所示。每个学生都有三次测试机会，取其中最佳一次成绩为最后测试成绩。

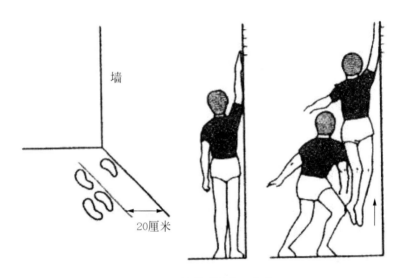

图3-2　原地纵跳摸高示意图

原地纵跳摸高数值大，说明学生下肢拥有很好的爆发力。数值越大，爆发力越强。

二、速度素质测评

1. 坐姿快速踏足

学生在车鞍上坐好，两手将车把扶住，大腿水平，大、小腿垂直。双脚迅速上下交替踏足，测试时间为10秒，记录计数器数值。每个学生都有两次测试机会，取其中最佳一次的成绩为测试的最后成绩，如图3-3所示。

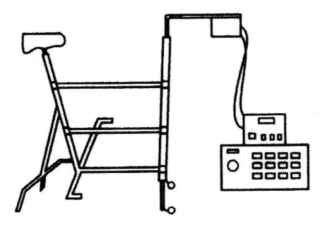

图3-3　坐姿快速踏足测评仪器

踏足次数越多，动作速度越快。

2. 50米跑

两人一组，做站立式起跑的准备姿势，听到哨声后快速向终点跑进。发令员吹哨的同时摆动发令旗，计时员此时开表计时，学生跑到终点线时停止计时。记录成绩精确到0.1秒。每个学生都有两次测试机会，取其中最佳一次成绩为最终的测试成绩。

时间越短，快速跑动能力越强。《国家学生体质健康标准》中提出的大学生50米跑测试评分标准见表3-2。

表3-2　大学生50米跑测试评分标准

等级	成绩／分	50 米跑时间／秒			
		男生		女生	
		大一、大二男生	大三、大四男生	大一、大二女生	大三、大四女生
优秀	100	6.7	6.6	7.5	7.4
	95	6.8	6.7	7.6	7.5
	90	6.9	6.8	7.7	7.6

续表

等级	成绩 / 分	50 米跑时间 / 秒			
		男生		女生	
		大一、大二男生	大三、大四男生	大一、大二女生	大三、大四女生
良好	85	7.0	6.9	8.0	7.9
	80	7.1	7.0	8.3	8.2
及格	78	7.3	7.2	8.5	8.4
	76	7.5	7.4	8.7	8.6
	74	7.7	7.6	8.9	8.8
	72	7.9	7.8	9.1	9.0
	70	8.1	8.0	9.3	9.2
	68	8.3	8.2	9.5	9.4
	66	8.5	8.4	9.7	9.6
	64	8.7	8.6	9.9	9.8
	62	8.9	8.8	10.1	10.0
	60	9.1	9.0	10.3	10.2
不及格	50	9.3	9.2	10.5	10.4
	40	9.5	9.4	10.7	10.6
	30	9.7	9.6	10.9	10.8
	20	9.9	9.8	11.1	11.0
	10	10.1	10.0	11.3	11.2

三、耐力素质测评

1. 800米跑（女）或1000米跑（男）

两人一组在起跑线后站立准备，发令员吹哨后，学生立即起跑，吹哨的同时摆动发令旗，此时计时员开始计时，学生跑完全程后停止计时，记录成绩精确到0.1秒。每个学生只有一次测试机会。

时间越短，耐力水平越高。

《国家学生体质健康标准》中提出的大学生耐力跑测试评分标准见表3-3。

表3-3　大学生耐力跑测试评分标准

等级	成绩/分	男生 1000 米		女生 800 米	
		大一、大二	大三、大四	大一、大二	大三、大四
优秀	100	3′17″	3′15″	3′18″	3′16″
	95	3′22″	3′20″	3′24″	3′22″
	90	3′27″	3′25″	3′30″	3′28″
良好	85	3′34″	3′32″	3′37″	3′35″
	80	3′42″	3′40″	3′44″	3′42″
及格	78	3′47″	3′45″	3′49″	3′47″
	76	3′52″	3′50″	3′54″	3′52″
	74	3′57″	3′55″	3′59″	3′57″
	72	4′02″	4′00″	4′04″	4′02″
	70	4′07″	4′05″	4′09″	4′07″
	68	4′12″	4′10″	4′14″	4′12″

续表

等级	成绩/分	男生 1000 米		女生 800 米	
		大一、大二	大三、大四	大一、大二	大三、大四
及格	66	4′17″	4′15″	4′19″	4′17″
	64	4′22″	4′20″	4′24″	4′22″
	62	4′27″	4′25″	4′29″	4′27″
	60	4′32″	4′30″	4′34″	4′32″
不及格	50	4′52″	4′50″	4′44″	4′42″
	40	5′12″	5′10″	4′54″	4′52″
	30	5′32″	5′30″	5′04″	5′02″
	20	5′57″	5′50″	5′14″	5′12″
	10	6′12″	6′10″	5′24″	5′22″

2. 引体向上

受试学生在高单杠上直臂悬垂，双手正握单杠，间距同肩宽，待身体保持静止后，两臂发力带动身体向上，直至下颏超过横杠上缘，然后还原，重复进行，记录完成次数。每个学生只有一次测试机会，如图3-4所示。

次数越多，说明上肢肌群和肩带肌群的力量及动力性力量耐力越好。

图3-4　引体向上示范动作

《国家学生体质健康标准》中提出的大学男生引体向上测试的评分标准见表3-4。

表3-4 大学男生引体向上测试评分标准

等级	成绩／分	引体向上个数／（个／分钟）	
		大一、大二	大三、大四
优秀	100	19	20
	95	18	19
	90	17	18
良好	85	16	17
	80	15	16
及格	78	—	
	76	14	15
	74	—	—
	72	13	14
	70	—	—
	68	12	13
	66	—	—
	64	11	12
	62	—	—
	60	10	11
不及格	50	9	10
	40	8	9
	30	7	8
	20	6	7
	10	5	6

第四章

青少年健康促进
构成研究

第一节 青少年心理健康及健康促进

在21世纪，能力比知识重要，而心理素质比能力更重要。良好的心理素质是青少年身心健康、人格健全的重要标志和成才立业的坚实基础。社会及家长对青少年寄予了很高的期望，青少年自己也强烈期望成才，但他们又是一群心理发育尚未成熟的特殊群体。加强对青少年的心理健康教育，提高他们的心理健康水平，培养正确的自我评价能力、良好的情绪调控能力和社会适应能力，使其建立和谐的人际关系，就显得十分必要和迫切。

一、青少年心理健康的标准

心理健康的标准是什么？在不同时代、不同社会通常有着不同的标准。当前，根据我国青少年的年龄、心理和社会角色特征，其心理健康的基本标准可归纳为以下几个方面。

1. 智力正常

智力正常是一个人正常生活最基本的条件，通常被作为衡量青少年心理健康的首要标准。心理健康的青少年能充分发挥自我效能，有浓厚的学习兴趣与强烈的求知欲，并可从中体验到快乐与满足。他们观察力强，注意力集中，记忆良好，想象力丰富，学习成绩稳定，还能通过知识学习和社会实践积淀文化，延展人生阅历空间，丰富自己的精神世界。

2. 情绪健康

心理健康的人能控制情绪，心境良好。稳定而愉快的情绪状态使人心情开朗、精力充沛，对生活充满热情和信心。青少年要保持心理健康，必须学会对情绪的自我调节和控制，做到喜而不狂，忧而不伤，胜不骄，败不馁；在社会交往中既不妄自尊大，也不退缩畏惧；情绪表达恰如其分，既能克制又能合理宣泄，既符合社会的要求又满足自身的需要；情绪反应与环境相适应，反应的强度与引起这种反应的情境相符合。

3. 意志坚强

意志是个人在挫折、困难面前显示出来的心理状态，意志坚强是青少年心理健康的重要表现。良好的意志品质表现在：行动有较高的自觉性、果断性、坚韧性和自制性；对心理刺激及压力有较好的承受力、抵抗力；对自己的思维方向和进程、动机趋向与取舍、决策与行为等心理活动，可自觉地加以控制与调节。

4. 人格健全

人格是指个人在社会化过程中形成和发展起来的性格、情感、精神风貌以及行为方式等各种特征的总和，它稳定而统一，决定了个体内在的心理品质和外在的角色行为。健全人格的标志是，在举止言谈、待人接物、情感反应、意志行为等方面都符合社会的价值观念和道德规范，有积极向上的人生态度、乐观开朗的性格，人际关系和谐，助人为乐，敢于见义勇为等。

5. 社会适应良好

社会和环境条件总是在不断变化，人们需要主动或被动地采取措施，使自己与环境达到新的平衡，这一过程叫作适应。社会适应能力包括正确认识社会的能力和正确处理个人与社会关系的能力。一个具有良好社会适应力的青少年，热爱生活，对所处环境有客观的认识和评价，与社会保持着广泛的接触，生活有理想而又能面对和接受现实，使自己的思想行为与社会协调统一。

6. 能正确评价自我和接纳自我

心理健康的青少年自我认识和自我评价往往比较客观，包括自己的个性、能力、优缺点等，对自己不会提出苛刻的非分期望与要求，对生活目标和理想也能定得切合实际。自我接纳指能够欣然接受自己现实中的状况，是对自身以及自身所具特征持有的一种积极的态度。有了切合实际的自我评价和愉悦接纳自己的态度，便不会因自身优点而飘飘然，也不会因存在的不足和缺陷而抬不起头，既不自傲也不自卑，自尊自爱适度，谦而不卑，自信乐观，扬长避短，努力发展自身的潜能。

7. 人际关系和谐

人际关系状况很能体现和反映一个人的心理健康水平。人是社会的人，离不开人际交往，良好的人际关系是事业成功与生活幸福的前提。青少年和谐的人际关系体现在乐于与人交往，能以尊重、信任、理解、宽容、友善的态度与人相处。在交往中保持独立的人格，不卑不亢；能客观评价自己和他人，善取人之长补己之短；能给予并接受爱和友谊；能与他人同心协力，合作共事，有较强大的社会支持系统。

二、青少年常见的心理问题及促进方法

1. 常见的情绪困扰与促进方法

（1）常见的情绪困扰

① 焦虑　焦虑是人们对即将发生的事件或情境感到担忧和不安，或感觉到潜在威胁，却无法预防和解决时产生的情绪状态，是一种由担忧、

紧张、恐惧等感受交织在一起的情绪体验，具有持续性或发作性。焦虑使人过度紧张，引起烦躁不安、担忧害怕、失眠早醒等，严重影响学习和工作。

然而，焦虑并非绝对的坏事，适度的焦虑能唤起警觉，激发斗志，提高效率。心理学研究发现，中等焦虑最有利于考生自我能力的发挥，比低焦虑和高焦虑水平者更能取得好成绩。所以，青少年在日常生活中既要排解病理性高焦虑，也要有意识地保持适度的中等焦虑。

② 抑郁 抑郁是人在感到无力应对外界压力时产生的一种消极情绪状态，常与苦闷、压抑、凄凉、自卑等感受交织在一起。心情抑郁的青少年闷闷不乐，兴趣丧失，不愿与同学交流，不想参加学校活动，并伴有食欲减退、失眠、头痛等。对大多数人来说抑郁只是偶尔出现，为时短暂，程度较轻，只有少数人长期陷入抑郁状态，继而发展为抑郁症。

引起抑郁情绪的原因主要是社会竞争激烈、学业压力大、环境适应不良、同学间的冲突或失恋等。相比而言，性格内向孤僻、多疑多虑、不爱交际、抗压力弱的学生更容易被抑郁困扰。

③ 易怒 易怒是指人对各种不顺心的事轻易产生愤怒的反应倾向，是一种短暂、紧张的情绪状态，有时还会有较激烈的行为反应。

青少年年轻气盛，内制力较差，容易冲动，易怒成为一种常见的消极情绪。当权利受到侵犯，或听到刺耳言语而感到自尊心受损，或感到被误会、冤枉、欺骗、侮辱时，常常怒火中烧，一旦克制不住自己，则可能出言不逊，拳脚相加，铸成大错，甚至触犯法律构成犯罪。易怒与错误的认知有关，有人以为一发雷霆之怒，便可以震慑他人，或挽回面子，事实上总是事与愿违，不但惹起众怒让人反感，自己的心绪也更加不得安宁。

④ 冷漠 冷漠是个体对环境和现实自我逃避的一种退缩性心理反应，表现为对人对事无动于衷、漠不关心。冷漠的青少年往往面无表情，缺乏生气，萎靡不振，常将内心体验封闭。

冷漠心理的形成往往和个人经历、个性特点有关，多由于遭受挫折或感到没有希望摆脱和消除困境时，无可奈何地以冷漠方式应对，虽带有一定的心理防御和消极的自我保护性质，但长期的冷漠状态会严重影响身心健康，对学习、生活、前途极为不利，只会使自己脱离集体生活，无法适应社会的需求。

⑤ 孤独　孤独是个人的交往动机、合群需要未得到满足，感到被外界冷落、遗弃或排斥而产生的失落情绪，是一种主观上的社交孤立体验。长期或严重的孤独还会引发情绪障碍，带来沮丧、忧郁、紧张、烦躁、空虚、失眠、绝望等消极感受，造成人际交往缺失。

产生孤独情绪的原因比较复杂，如孤单的居处、陌生的环境、突变的家境，若不能尽快适应，便会与社会产生隔膜、疏离，导致孤独。事业上遭受挫折，缺乏与异性的交往，失去父母的挚爱，没有知心朋友等，也会诱发孤独。孤独还与性格有关，内向者对自我世界过度关注，将自己闭锁在自我意识中；自负者因自视甚高，在交往中不合群、不随和，缺乏朋友，都会感到孤独。

在心理学家看来，适当的孤独使自己置身人际关系之外审视自身，可以摆脱外部羁绊修炼自己，更大程度上成为一个有独立人格的人。因而青少年既要排解孤独、寂寞的困扰，又要学会适当地享受孤独，领悟"精神孤独"之境，即哲学、文化学意义上的孤独。这种孤独不是没人陪伴的孤单，而是摆脱喧嚣的物欲世界，进入内省的、自足的睿智境界。学会接纳孤独并能享受孤独，在孤独中升华灵魂，是青少年成熟的重要标志。

⑥ 嫉妒　引起嫉妒的因素主要是名誉、地位、钱财、爱情。自尊心过强、认知有偏差、自信心不足、自控能力弱的人，更容易产生嫉妒，凡别人所有的，包括外表、成绩、能力、运气、物质等方面的一切优点都要嫉妒。嫉妒的具体特征包含以下几个方面。

a.明确的针对性　嫉妒心理往往产生于同一部门（如班组、寝室）和同一水平的人之间，因为曾经平起平坐或不如自己，如今却比自己强，所以便专跟他过不去。

b.明显的对抗性。轻微的嫉妒只是表现为冷嘲热讽，向被嫉妒者发泄怨恨，疏远对方；嫉妒心强者则具有明显的攻击性，言语尖刻，百般挑剔，甚至混淆是非，颠倒黑白，严重的还采取攻击性行动。

c.指向的伪装性。由于嫉妒为人们普遍鄙视，加上人们对社会道德的敬畏，因此人们不得不将嫉妒的指向伪装起来，遮掩其嫉恨之所指。

嫉妒不仅会造成同学间的隔阂，破坏寝室、班级成员的团结，本人也会痛苦不堪，不能自拔。

⑦ 自卑　卑是由于在现实生活中反复受挫、屡遭失败、丧失自信而产生的一种自轻自贱的消极情绪体验。自卑心强的青少年主要表现为对自己评价过低，觉得各方面都不如人，怯于与同学交往，谨小慎微，害怕失败，没有主见，常随声附和等，对学习和正常发展带来一定影响。

（2）情绪困扰的促进方法

① 宽容待人，悦纳自己。

被情绪困扰的人首先要改变对他人和自己的认知，对人对己宽容。宽容是用豁达的心胸理解人生，承认并接受生活中的不完美，给自己和他人一个伸缩的空间。一个不肯宽容别人的人很难得到别人的宽容，一个不肯宽容自己的人常常会陷入自怨自责和悔恨的情绪中。拥有宽容，不以苛求的眼光看待他人和自己，就会拥有健康和快乐。

正确认识自我，包括正确分析自己的生理、心理特征及与他人的关系等。只有正确认识自己、悦纳自我，既不好高骛远又不苛求挑剔，才能有效控制和调整不良情绪。

② 自我暗示，自我激励。

积极的自我暗示、自我激励是对不良情绪进行自我克制、自我约束的主要方法。

积极的自我暗示就是给自己灌输某种积极观念，让它对自己的意志、心理以至生理状态产生影响，从而消除紧张情绪，保持乐观情绪，微笑面对人生。反复多次地正面强化暗示，对调节自己的情绪和行为有奇妙的作用。

③ 转移注意，行动调节。

心理学研究表明，一旦发生情绪困扰，大脑皮层就会出现一个强烈的兴奋中心，此时若再受到新的刺激，引起新的兴奋中心，便可抵消或冲淡原来的兴奋。因此，当遭遇不良情绪困扰时，可有意识地把注意力从引起不良情绪反应的境况中转移到其他事物上去，分散、转移注意力，恢复正常情绪。

青少年还可采取行动转移情境，用行为调整心态，驱散烦恼。当被情绪困扰时，便去做另一件与坏情绪无关的事，或参加强度较大的体育运动（如跑步、打球、游泳）和体力劳动，放松身心，消除紧张情绪，或参加社团活动、娱乐活动、公益活动，使自己忘却烦恼，并体验到存在的价值，增强自信。独处时可以读读闲书，听听轻音乐，或采取静坐、练气功、瑜伽、深呼吸或想象放松等行为方式释放心理压力。

2. 青少年人际交往障碍与促进方法

（1）人际交往障碍的主要表现

① 以自我为中心，关注他人不够。

自我关注的实质是想被人关注，得到他人的尊重和关心，这是人的一种基本需要。但是，当这种合理的需要变成以自我为中心时，便成为一种人格缺陷。自我关注欲望太强的青少年，自视甚高，在待人接物处世时，"我"字当先，只顾及自己的兴趣和意愿，不关心他人，漠视别人的处境和感受，常常在不经意中伤害人，造成冲突和摩擦。部分青少年听不得批评，也不愿为别人做出牺牲，缺乏谦让与合作精神，影响人际交往。

② 对人际关系理想化，不善于交往。

很多青少年踏进大学校门之前，往往对人际关系满怀憧憬，过于理想化，对交往的复杂性缺乏足够的心理准备。中学阶段，全力以赴地学习，人际关系较单纯，不知道怎样与人交往。进入大学，须建立新的师生关系、同学关系，处理与室友的摩擦、冲突，还会遇到如何与异性交往及恋爱等新问题，一时难以适应，导致交际障碍。青少年对人际关系的理想化，还表现为过分追求完美，在为人处世时往往带有强烈的主观性、片面性，用"完美"尺度衡量他人，期望过高，缺少理解和宽容，使自己在交往中处于孤立的状态。有的则因对方的某个缺点而一叶障目，或因别人的看法与己不同而拒绝往来，或在交往中出现矛盾、分歧时，一味责备对方，甚至迁怒于人，反目成仇，葬送了友谊。

③ 看重"实惠"，忽视感情。

任何人都有通过交往使自己得到提高、赢得友谊、获得机会、得到发展的愿望，这些想法都是合理而正常的。但如果过多考虑个人利益，把市场经济通行的"等价交换原则"用于人际交往，使交际带上浓厚的功利色彩，那就大错特错了。

将功利主义作为人际交往的指导思想，"唯利是图"，必然忽视感情，只有金钱、物质的交换，只剩下利益的关联，谈不上良好关系的建立。即使建立了联系，也会因利益的冲突、得失的计较而断裂。因此，与人交往一定要注意增进感情、深化友谊，使之成为促进人际关系、共同进步、共同发展的积极因素。

④ 消极避退，自我封闭。

青少年入学后面临新的人际关系，会有一个较长的适应期，一时无法顺利沟通本属正常现象，但有些青少年或由于性情内向孤僻，不愿或不好意思与人交往；或在交往时掩盖自己的真实思想、情感，遇事不发表意见；或为人处世能力较差，不懂得沟通的艺术和交际技巧，便消极避退，自我封闭，造成沟通障碍。

⑤ 虚拟交往，沉溺网络。

在互联网迅猛发展的当下，青少年因对学校新环境和人际关系不适应，加之失去家长的管控，容易出现沉溺网络的现象。网络虚拟交往虽然也能传递思想和感情，但是无法替代现实的人际交流。长期沉浸于虚拟世界，必然疏离现实生活，与周围人群产生感情隔阂。那些成天面对电脑的青少年，交际能力下降，在大众面前无所适从，浑身不自在，一旦交往受挫，便会逃避现实，又退缩到虚拟空间寻求慰藉，形成恶性循环，从而更加沉溺于网络，更加孤僻、封闭。

（2）消除人际交往障碍的方法和技巧　人际交往能力是衡量一个现代人能否适应开放社会的标准之一，青少年必须掌握消除交往障碍的方法和技巧。

① 培养自己良好的交往品质。

青少年人际交往出现障碍，首先是交往的理念、动机、心理出现偏差。要消除障碍就得从根本问题入手，摒弃自我中心、自私自利、功利主义等观念，克服自傲、自卑、猜疑、嫉妒等心理，培养自己良好的交往品质，如尊重、真诚、宽容等。

人际交往中，尊重是人最重要的品质。人都有自尊心，特别是处于青春期的青少年自尊心极强，更渴望被尊重，对尊重自己的人有一种天然的亲和力和认同感。因而在交往中要注意发现对方的优点、长处，真诚地肯定对方，慷慨地赞美对方。真诚是为人处世的美德。与他人交往要真心实意，以诚相待，只有真诚交往，双方才能推心置腹，袒露心扉；彼此心心相印，肝胆相照，才能相互信任，获得纯洁的友谊。真诚还体现在相互理解和支持上，当别人遇到困难需要帮助时，应尽自己所能主动帮助。

宽容也是一种沟通情感、促进人际交往的高尚品质。所谓宽容，即包容宽厚，是一种心胸开阔、雍容大度的崇高境界。对人宽容，意味着不计较别人的小节，原谅别人的过失，理解别人的苦衷，包容不同意见，忍让冒犯自己的言行。幽默是宽容精神的体现，培养幽默感，能淡化人的不良情绪，消除人际关系障碍。

② 平等相处，善于换位思考。

在交往时与人平等相处，既不高估自己，也不自轻自贱，不因他人有权有势就巴结逢迎，也不因对方遭遇失败而落井下石，不论贫贱富贵一律平等相处，以礼相待。平等还意味着与不同层次、不同修养、不同性格的人友好相处，平起平坐，一视同仁。

平等待人要善于将心比心、推己及人。遇事不妨换位思考，"己所不欲，勿施于人"，在为人处世上要公正平等，恰到好处。青少年设身处地换位思考是培养交际能力的一种好办法。

③ 培养高尚的品格，增强自身的人际吸引力。

一个人的人际吸引力主要取决于个体的综合素质，即人格魅力。人格魅力是指一个人在性格、气质、能力、道德品质等方面所具有的特别受人倾慕、容纳的吸引力和迷惑力。拥有高尚的人格，就会获得人们发自内心的钦佩，就会激发别人衷心的喜爱和亲近，就能赢得人心，获得人缘。

第二节　青少年生活习惯及健康促进

一、生活习惯的概念

生活习惯是构成生活方式的重要因素之一，被称为狭义的生活方式，一般包括衣、食、住、行以及闲暇时间的利用等。

养成良好的生活习惯不仅对青少年当前的健康状况产生积极影响，而且对其今后一生的健康、发展和幸福都将发挥重要作用。

二、生活习惯评价

1. "莱斯特"健康生活习惯

美国加州大学公共健康系莱斯特·布莱斯诺博士和他的研究组经过9年的追踪研究，证实人们的日常生活方式对身体健康的影响远远超过药物的影响。据此，莱斯特博士建议要养成下列有助于健康的生活习惯。

① 每日保持7~8小时睡眠。

② 有规律的早餐。

③ 少吃多餐（每日可吃4~6餐）。

④ 不吸烟。

⑤ 不饮或饮少量低度酒。

⑥ 控制体重（不低于标准体重的10%，不高于20%）。

⑦ 有规律的锻炼（运动量适合个人的身体情况）。

此外，每年至少检查一次身体。

2. 青年人健康生活方式

有学者将有利于健康的生活方式总结为以下8点。

① 吃得正确。保持饮食平衡和有规律，有助于现在的健美和将来的健康。

② 喝得正确。喝干净的水，不要过量饮酒。

③ 不吸烟。如果你想健美有吸引力，请别吸烟。

④ 适当放松。运动、音乐、艺术、阅读、与其他人交谈都很有益，可帮助你成为兴趣广泛的人。

⑤ 积极自信。富有创造性，珍惜青春。

⑥ 知道节制。遇事能三思而后行，大部分事故是可以避免的。

⑦ 负责的性行为。了解自己的性行为并对此负责。

⑧ 进行科学的运动，可赢得健康。

3. 生活方式问卷

Prentice，W.E.于1999年建立的《生活方式自评量表》可用于对青少年生活习惯的评价。该量表主要从吸烟、饮酒和药物使用、饮食习惯、体育锻炼习惯、应激控制能力、安全习惯6个方面进行评价。

量表由6个部分组成，共24道题，每个题目共3个选择（"一直""有时""从未"），每个选项中对应相应的分值，学生根据自己的情况在选项上画钩，计算出每个项目的总分值进行评价，如表4-1所示。

表4-1　生活方式自评量表

生活方式			一直	有时	从未
1	吸烟	（1）我避免吸烟	□	□	□
		（2）我偶尔吸烟，且仅吸低焦油和低尼古丁的香烟	□	□	□
2	药物和饮酒	（1）我避免喝酒。	□	□	□
		（2）我一天喝酒不超过一次	□	□	□
		（3）当服某些药物（如安眠药、止痛药、感冒药等）时，我不喝酒	□	□	□
		（4）当我服药时，我遵循医嘱	□	□	□

	生活方式		一直	有时	从未
3	饮食习惯	（1）我每日吃各种食物	☐	☐	☐
		（2）我少吃高脂肪食物	☐	☐	☐
		（3）我少吃含盐量高的食物	☐	☐	☐
		（4）我避免吃太多的甜食	☐	☐	☐
4	体育锻炼习惯	（1）我保持理想的体重，避免过重或太轻	☐	☐	☐
		（2）我一周至少进行3次有氧运动（如跑步、游泳、散步等），且每次15～30分钟	☐	☐	☐
		（3）我一周至少进行3次以提高力量为主的运动（如健美操、各种力量练习等），且每次15～30分钟	☐	☐	☐
		（4）我常利用业余时间参与个人、家庭或集体的活动（如打保龄球等球类运动）	☐	☐	☐
5	应激控制能力	（1）我喜欢学习或其他工作	☐	☐	☐
		（2）我发现自己容易放松和自在地表达情感	☐	☐	☐
		（3）我常对可能有压力的事件和情景早做准备	☐	☐	☐
		（4）我有亲密的朋友、亲戚，能与他们讨论隐私，并在需要时请求他们的帮助	☐	☐	☐

续表

	生活方式		一直	有时	从未
5	应激控制能力	（5）我常参加集体活动	□	□	□
6	安全习惯	（1）我睡觉前会检查门是否关好	□	□	□
		（2）我骑自行车或开门时不追求速度	□	□	□
		（3）我不乱穿马路	□	□	□
		（4）当使用有害物质或产品（如电线板开关、灭蚊子的药水等）时，我会很小心	□	□	□
		（5）我从不在床上吸烟	□	□	□

在上表的生活方式问卷中列出了有些人可能会有的问题，可以在仔细阅读之后，根据自己的实际情况，在3个方格中选择一个画钩。选择"一直"为2分，选择"有时"为1分，选择"从未"为0分。

如果你得到了9~10分，说明你意识到某一方面对你健康的重要性，并已注意保持良好的生活习惯；如果得到6~8分，说明你在某一方面有良好的生活习惯，但仍有一些需要改进的地方；如果得到3~5分，说明你存在健康方面的问题，需要咨询医师如何减少健康方面存在的潜在危险。需要注意的是，对于吸烟这一部分而言，3~4分说明你保持着良好的生活习惯；0~2分说明你存在着健康方面的潜在危险，但你可能并没有意识到危险的存在。

三、生活习惯与健康促进

建立良好的生活习惯可以有效地促进健康。有学者用"HELP理论"来诠释建立良好生活习惯的必要性。HELP是4个英文单词的首字母，H=Health（健康），E=Everyone（每个人），L=Lifetime（一生），P=Personal（个人）。

这一理论的含义是：Health是生命的根本，人们首先应该认识到健康的重要性，而健康的生活习惯是获得健康机体的保证，养成并保持良好的生活习惯会有效地促进身心健康的发展，并使人具有良好的体质；Everyone即每个人都要认识到健康的重要性，在具有良好生活习惯的同时应该去影响周围的每一个人；Lifetime要说明的是健康促进的效果有可能滞后显现，我们应该尽早认识不良生活方式具有累积性，从生命的早期就开始重视健康，养成健康的生活习惯，健康生活方式实施的时间越早、越长，机体的受益时间就越持久；Personal的含义是健康的生活习惯应基于个人需求，健康促进的指导者要了解被指导者，对他们的个人不良行为作出调整，健康促进的方法应因人而异，循序渐进，达到增强身心健康、提高体质的目的。

第三节　青少年体育锻炼及健康促进

体育锻炼是健康促进的重要构成，体育锻炼不仅能改善人的生理功能，对人的心理健康也有重要的促进作用。例如，体育锻炼可以激发人的活力，运动的刺激性、宣泄性能使参加运动的人得到情绪上的改善，经常参加体育锻炼的青少年能够在锻炼中体验到运动的愉悦感，缓解由学习生活带来的压力。在多人参加的运动中，增加了人与人之间互相交流、沟通的机会，培养团结协作的精神，对身心健康有益处。

一、体育锻炼概述

体育锻炼是指人们根据需要自我选择、运用各种体育手段，并结合自然力和卫生措施，以发展身体，增进健康，增强体质，调节精神，丰富文化生活和支配闲暇时间为目的的体育活动。体育锻炼是在劳动生产和人类思维发展到一定水平时才逐渐形成的。约在5000年前，原始的农业和手工业开始发展，逐步引起了发展身体的各种社会需要，为体育锻炼的形成创造了客观条件；同时，人类思维的进步，使人类逐渐意识到体育锻炼的意义，萌发了身体锻炼的愿望，这为体育锻炼的产生和形成创造了主观条件。

古希腊医学家希波克拉底认为："体育锻炼是实现健康生活的根本手段。"在当今经济飞速发展的社会背景下，工业生产、家庭劳动的自动化、交通方式的不断改进导致人类坐位方式过多，运动不足成为亚健康和"现代文明综合征"的最主要根源。体育的健身功能已经被普遍接受，越来越多的体育观众已成为体育锻炼的实践者，体育锻炼作为最有效的绿色保健手段，已受到人们的普遍欢迎和采纳。体育锻炼已经成为现代人改善身体健康的重要方式，也必将成为生活方式的稳定内容，被每个社会成员所接受。

二、合理体育锻炼对青少年体质健康的影响

1. 增进身体健康

青少年经常参与体育运动锻炼能使自身的肌肉、呼吸系统功能、心血管系统功能得到改善，使神经系统的调节能力、内分泌和免疫系统的调适能力得到明显提高，促进亚健康状况的改善，从而使自身的身体形态结构（体型、体格、身体成分）、生理功能（新陈代谢水平、各器官系统的功能）、运动能力（运动素质）等都处于并保持完好的状态。

运动锻炼能使青少年精力充沛，提高其学习效率。人体运动的生物学规律表明，任何科学合理的体育活动都能带来全身各器官、各组织的积极变化，身体各部分在神经系统的指挥下相互协调，参与运动，从而得到锻炼。

合理的体育运动锻炼能使青少年全身从整体到系统器官，再到细胞分子都得到协调锻炼，从而全面提高其身体功能。从这一点来看，体育促进

人的生物体从低级功能向高级的横向协调和纵向服务转变。体育锻炼中，一定的运动负荷刺激人体，使接受刺激的部分产生积极的健康效应，并影响到其他部分，获得全面协调的发展。体育锻炼的价值不仅仅在于对某一局部的改善，更在于人们通过主动运动而获得的各层次功能之间关系的协调与完善。

适宜的体育锻炼会促进儿童、青少年身体形态的良好发育。国外学者曾对数百名从事体操、游泳等业余锻炼2~5年的少年与没有体育锻炼经历的同龄少年进行对比，结果发现有训练的少年的身高、体重、胸围年增长值显著高于对照组。一项对双胞胎的调查表明，爱好运动者的身高比少参加体力活动者平均高4厘米，体重重3千克。研究证实，适宜的跳跃训练有助于下肢长骨骨骺软骨细胞的良好发育；中等强度的体育运动有助于生长激素的充分分泌，这些都会对身高的增长有一定作用，尤其是在生长发育第二次高峰时进行相应的增高锻炼会有较明显的效果。

体育锻炼会使肌肉群更大地收缩，消耗更多的葡萄糖和脂肪，加强新陈代谢，增加体重，改善身体成分，对生长发育有重要的促进作用。

2. 促进心理健康

现代青少年心理健康教育中，预防心理异常、促进与维护心理健康是一项非常重要的内容。合理的体育锻炼对青少年良好心理素质（情绪积极、意志顽强、抗刺激与抗干扰能力较强）的形成与发展具有重要意义。合理的体育运动锻炼能使青少年学生的紧张、焦虑及抑郁等不良情绪得以减轻或消除，能促进其坚韧性、自觉性、竞争性的增强，促进其自控能力的提高，使其不断产生超越自我和他人的决心。这些心理素质对于青少年乐观性格、坚强意志和强大自信心的形成具有重要意义。青少年只有保持积极乐观的情绪，保持健康快乐，充满生机活力，才更有追求幸福与成功的动力。

3. 积极的生活方式

根据现代人的健康情况与疾病发生趋势，世界卫生组织有关专家明确指出导致现代人发生疾病与死亡的主要原因中，缺乏运动所占的比例非常大。缺乏运动是当今包括青少年群体在内的所有现代人最不合理的一种生活方式。缺乏足够的体力活动严重危害着人体健康，全球因此而失去生命的人在不断增加。

在青少年体质健康促进中，需要青少年自身、家庭、社区、学校等社会各界共同努力，促进青少年健康生活方式的形成。青少年在日常学习与生活中保持健康行为，改掉不利于健康的行为习惯，这样才能形成健康的生活方式。而在这一方面，体育运动锻炼发挥着重要作用。

促进体质健康的诸多行为中，体育锻炼以其独特的价值和魅力受到家长、学校及青少年自身的关注与重视，在青少年健康生活方式的培养中，这项内容不可或缺。如果青少年的生活中缺乏运动，则其生活方式就是不健康的。

4. 促进青少年的生理功能

（1）对神经、内分泌系统的影响　青少年进行适宜的体育锻炼能使大脑和神经系统得到良好的发展，对于提高神经工作过程的强度、均衡性、灵活性和神经细胞工作的耐久性都有益处。研究表明，儿童、少年运动员的视、听觉简单反应时间测试结果显著优于普通儿童、少年。

（2）对心血管系统的作用　体育锻炼可以改善青少年心肌本身的兴奋性，心脏冠状动脉血管扩张，心肌的血流量增加，肌球蛋白的ATP酶活性提高，使得心肌收缩力提高。还有研究表明，早期适宜的体育锻炼可以使血管弹性增强，在运动时，平时闭合的毛细血管开放，循环血量增加，有利于代谢功能。

（3）对呼吸功能的作用　早期体育锻炼可以使呼吸肌发达，肺活量增大，明显改善青少年的呼吸功能。瑞典学者安德森的研究结果证实，在青春期接受游泳训练的女孩较一般女孩肺总容量大12%，肺活量大13.4%，最大吸氧量大10.2%。

（4）对运动系统的作用　对青少年进行合理的体育锻炼可促使新陈代谢旺盛，有利于骨细胞的增殖、加速钙化，促进骨的生长，使管横径增粗，骨质坚实，骨重量增加。研究者通过X线片观察到，青少年运动员股骨的骨皮质比普通青少年厚0.5~3毫米；骨松质的骨小梁排列也比普通青少年整齐，使骨能承受更大的压力。另外，运动可明显改善骨的血液供应，使其得到充分的营养物质，造骨过程加快。如前所述，跑跳等运动对骨的压力是一种机械刺激，对骨发育有促进作用。

运动时血液循环加速，可使肌肉获得更多的营养，因此肌纤维变粗，体积增大，弹性增强，整个肌肉变得更发达，活动能力和耐力相应增强。

三、运动缺乏对青少年体质健康的影响

医学研究表明，冠心病、高血压、脑卒中、肥胖、高脂血症等与现代人不健康的生活方式密切相关，运动缺乏成为造成这些慢性病的一级危险因素。久坐不动，机体缺乏运动应激刺激，很少运动或不运动都属于运动缺乏。运动缺乏具体表现为每周运动次数少于3次，每次锻炼时间少于10分钟，运动时心率在110次/分以下，运动强度比较低等。运动缺乏对青少年体质健康有严重的危害。

青少年如果长期不参与运动锻炼，其新陈代谢功能就会明显降低，各种肌肉、关节疾病就会随之产生，心肺功能水平也会因此而下降，从而引发一系列不良身体反应。此外，坐骨神经痛、痔疮等疾病产生的最终原因也是久坐不动、缺乏活动。青少年长期不锻炼，机体抵抗力也会慢慢下降，患病概率就会大大增加。

第四节　青少年平衡膳食及健康促进

营养是指人体摄入、消化、吸收和利用食物中营养成分，维持生长发

育、组织更新和良好健康状态的动态过程。营养素指的是食物中具有营养价值的物质。人们摄取食物，补充营养素，营养素在人体内经过吸收利用，为机体提供能量，促进新陈代谢，同时对人的生理功能及其他内环境进行调节。

蛋白质、糖、脂肪、矿物质、维生素和水等常见的几类营养素构成了人类生命活动的重要基础。人类补充营养的主要途径就是进食，这也是人类生存与繁殖的重要途径。人从膳食中获取营养是最为科学的营养补充方式。只有营养全面、膳食平衡，才能促进青少年的健康成长。

一、膳食

每个人处于青少年阶段时，其身体与智力的发育都十分关键，这一阶段，人们的生活方式与行为方式会开始慢慢形成。青少年的发育速度很快，他们需要补充更多的营养素。青少年身体与智力的顺利发展离不开营养的保障作用，如果这一时期打好了营养的基础，就会终身受益。女性处于青春期时，其营养健康的状况会对下一代的健康造成直接的影响，所以，要特别重视青春期女性的营养状况。通过对青少年的生长及发育特点进行分析，并且了解了他们的营养需求后，有关专家建议青少年的膳食要从以下几个方面加以重视。

1. 合理安排三餐

通过调查我国居民的营养与健康状况后得知，青少年中大多存在每天三餐饮食不规律的现象，而且很多青少年都不吃早餐，这些不良现象会对其营养状况与身体健康水平造成消极的影响。对于青少年来说，如果规律地、合理地摄取三餐食物，就会有益于其生长发育与学习生活。

青少年需要养成良好的饮食习惯，而且要注意与自身的生理需要相适应。通常一天安排三餐，每餐之间有4～6小时的间隔。要合理安排三餐的比例，午餐与晚餐尽量不要以甜食为主。

青少年要将不吃早餐的坏习惯加以改正。在中小学，通常上午的课程比较集中，青少年吃早餐有利于上课时间注意力的集中。青少年的营养状况和健康水平很大程度上受到早餐的影响。如果青少年每天吃早餐，而且早餐丰富，有充足的营养，就能够为机体提供充足的营养素与能量，以满足青少年体格和智力的发育需要。倘若青少年不吃早餐，或者所吃的早餐没有足够的营养，就会对其体能的增长与学习成绩的提高造成制约性的影响，此外，还会对其消化系统功能的正常发挥造成不良影响，因此而损害身体健康。为青少年安排早餐时要注意种类的多样性，早餐中应该富含充足的能量。青少年每天吸收的总能量中，有30%来自早餐，在每天吃的所有食物中，早餐的食物量占到25% ~ 33%。所安排的早餐是否有充足的营养可以早餐中食物的种类为依据进行评价。

人们在吃谷类食物后，这类食物在机体中会向葡萄糖转化，这对血糖的稳定非常有利，而且能够提供一定的能量供大脑活动所用。因此，早餐中不能缺少谷类食物。青少年在早上最好喝豆浆或牛奶，而且尽量吃富含蛋白质的食物，如瘦肉、鸡蛋等。这样有利于增加食物停留在胃中的时间，从而使青少年可以精神饱满地上课。另外，早饭也有必要吃一些蔬果。

现代社会中，审美观念发生了变化，人们以瘦为美，这严重影响了青少年的思想。一些青少年特别是处于青春期的女孩为了追求人们眼中的美，刻意地通过节食来减肥。节食会使这些人补充不到身体需要的营养，从而引起一些身体疾病的发生，对健康造成威胁。青春期女孩过分节食会对其第二性征的发育与性成熟造成严重的影响。

2. 多喝牛奶

据调查，我国青少年每天只摄入少量的奶，这不利于其身体健康发育，因此，要增加对奶及奶饮品的摄入量。

现阶段，我国小学生及中学生都比较喜欢喝果汁或碳酸饮料，而对白开水及牛奶的摄入则相对不足。青少年如果对软饮料摄入过多，就会增加体内的糖分，从而转化为更多的能量，导致肥胖现象的出现。据调查，青少年出现低钙血症的现象不断增加，这大都是因为他们所饮用的饮料中含有磷酸，磷酸容易使青少年出现骨质疏松症状，甚至会导致骨折。

3. 摄取含铁和维生素C的食物

营养补充不足就会造成营养缺乏病的产生，常见的营养缺乏病是贫血，这一问题已经引起了人们的广泛关注。青少年发育很快，因此，需要很多的铁来供应能量。女生在月经来潮后会出现生理性铁丢失，贫血发生的概率很大。

人们每天所吃的食物中，大都含有膳食纤维和植酸，这些会对铁的吸收造成影响，而且食物中所含的铁大都是非血红素铁，非血红素铁的吸收率不高，实际上铁的利用率也不高，这就导致人体摄入的铁含量相对缺乏。青少年倘若受到寄生虫的感染，就会导致肠道失血，铁也就会随之丢失。即使青少年缺铁性贫血的现象不严重，也会不利于其生长与发育和身体的健康，而且会影响其体力、抵抗力与学习能力。

为了预防青少年发生贫血的现象，应该在饮食上多加注意，要保证多样化地摄取食物，对食物品种的调换也要重视。青少年要多吃动物肝脏、蛋黄、瘦肉、大豆、黑木耳等富含铁元素的食物。此外，青少年也可以多吃一些铁强化面包、铁强化酱油等铁强化食品，以使自身的铁营养状况得到良好的改善。

由于维生素C能够使食物中铁的消化吸收率提高，所以，青少年也要注意维生素C的补充，多吃富含维生素C的食物，如新鲜的蔬菜与水果等。

4. 控制零食的摄入量

青少年身体所需的部分能量可以通过吃零食获取，然而很多零食中只有少量矿物质与维生素，不能使营养得到全面的补充。另外，吃过多的零食会使青少年减少正餐的食量，这不仅不利于良好饮食习惯的养成，而且会使青少年养成一些坏的毛病，如偏食、挑食等。因此，青少年要控制零食的食用量，尽量少吃。

5. 青春期饮食原则

① 青少年上课及参加课外活动所需的能量必须通过进食来获得，不要依赖营养品。

② 食物多样化，合理搭配，营养均衡。

③ 多喝水，不要用饮料代替。

④ 超重、肥胖的青少年少吃热量高的食物，多进行体育锻炼，不要盲目节食减肥。

⑤ 按时进餐，避免不规律饮食、暴饮暴食，否则会影响肠胃功能，活动量较大时适当加餐。

6. 不沾烟酒

青少年在不断地生长与发育，其身体的各个系统与器官还没有完全发育成熟，免疫系统、内分泌系统及神经系统的功能还处于不断变化中，稳定性较差，不能很好地抵抗来自外界的刺激与不良因素。所以，与成年人相比，青少年抽烟、喝酒的危害更大。此外，青少年如果从小就抽烟、喝酒，就会对其成年后的行为造成不良的影响。所以，青少年尽可能不沾烟酒。

二、膳食建议和膳食参考摄入量

膳食参考摄入量也称为膳食营养素参考摄入量，是指为满足人群健康个体基本营养所需的能量和特定营养素的摄入量。膳食参考摄入量包括以下四个营养水平指标。

（1）推荐摄入量（RNI）　满足不同年龄与性别的绝大部分（占总人口的97.5% ~ 98%）健康人群营养的摄入水平。推荐摄入量满足人们摄入充足的营养素以预防慢性疾病发生的需求。推荐摄入量除了考虑普通人的营养摄入外还考虑了特殊人群的营养摄入。

（2）适宜摄入量（AI）　是指对健康人群营养素摄入水平的估计，这些营养素的摄入无法用推荐摄入量表示。适宜摄入量数据来自实验以及所观察到的维持健康营养素摄入量。再例如，绝大部分人维持骨骼健康钙摄入水平即为钙的适宜摄入量。例如，所观察到的母乳喂养婴儿平均摄入营养素的数值为1岁儿童的适宜摄入量。如果没有推荐摄入量，人们可以采用适宜摄入量作为膳食营养摄入的参考。

（3）平均需要量（EAR）　是指特定人群摄入营养素的一半剂量。这一需要量是对推荐摄入量的进一步推广。营养政策的制定者采用平均需要量用于评价人们最佳营养摄入以及预计人们消耗的营养素量。

（4）可耐受最高摄入量（UL）　人体可耐受最高摄入量是指不会造成人体健康问题的最大摄入量。这一摄入量不是建议摄入的水平。对于绝大部分营养素来说，UL是指来自食物、强化食物和营养品中总的营养素摄入量。设立可耐受最高摄入量是为了避免超过这一水平时营养素可能带来的健康风险。

三、青少年膳食营养调查与评价

营养调查是膳食营养评价中最常用的一种方法，通过调查与评价及时发现青少年缺乏哪些营养，是否存在营养过剩现象，然后根据实际情况加以改善，做到营养全面、膳食合理，从而促进其健康成长。

1. 膳食调查方法

在营养评价中这一方法的应用比较广泛，具有重要作用。

一般进行为期3～7天的膳食调查。询问法、称重法、记账法是较为常用的调查方法，下面主要介绍在青少年膳食调查中最为适用的询问法。

（1）询问法膳食调查　打电话询问受试者，或面对面询问受试者，或使其填写问卷等，通过这些方法将膳食调查表填好，如表4-2所示，然后整理数据信息，进行计算。经过3～7天的询问调查后，取平均数，这样结果更为准确。

一般在调查前要专门培训被试者，使其表述尽可能准确、详细，避免漏掉重要信息，从而保证调查的准确性。

表4-2　膳食调查表

姓名：　　　　　性别：　　　　年龄：　　　　调查日期

餐饮	食物	进食量	备注
早餐			
中餐			
晚餐			
加餐			

（2）膳食评价　对比已获得的调查结果和食物成分表，然后科学计算，详细分析，得出结果，认真撰写评价报告。

① 每天不同类型营养素的平均摄入量。

② 不同类型营养素每天的平均摄入量占推荐摄入量的比例。

③ 分析与评价三餐能量分配比例，如表4-3所示。

④ 对比糖、蛋白质与脂肪摄入比例与推荐比例，如表4-4所示。

⑤ 蛋白质摄入量中动物性蛋白所占的比例。

⑥ 不同类型食物的摄入量。

表4-3　某男生（少年）三餐能量

项目	能量摄入／千卡[①]	百分比
早餐	376.2	15.7%
午餐	992.3	41.3%
晚餐	1033.1	43.0%
总计	2401.6	100%

摄入评价：早餐能量摄入不足，会对上午的学习产生影响；晚餐能量过多，容易长胖；总热能摄入较少

① 1千卡=4.186千焦。

表4-4　某男生（少年）膳食中三大营养素占总能量的比例

项目	质量／克	能量／千卡	在总能量中的比例	评价
脂肪	92.1	828.6	34.5%	偏高
蛋白质	118.9	475.5	19.8%	正常
糖	274.4	1097.5	45.7%	偏低
总计	485.4	2401.6	100%	—

2. 营养调查方法

营养调查内容包括以下几个部分。

（1）膳食调查　对青少年在一段时间内每天摄入的膳食种类、数量进行统计，参照食物成分表对其每天在膳食中摄取的营养素和能量进行计算，然后对比营养学家推荐的较为科学的营养素供给量，判断青少年摄取的营养素和能量在配比及总量上是否合理。

（2）生化检验　从生化角度检验青少年血液及尿中所含的营养素及相关成分，从而对其体内储存的营养素及机体代谢情况有一个基本的了解。

（3）体格检查　定期对青少年进行体质检测，对其生长发育及健康状况进行评价，了解是否营养不足，缺乏哪些营养，从而确立相应对策。

第五章

健康促进的运动设计与常见的锻炼方式

第一节　青少年健康促进运动设计与实施

体育运动对青少年的性格、身体、智力、协调能力、自尊心等都有好处，从小运动可以受益终身。

一、运动方法及注意事项

1. 锻炼的内容种类

青少年锻炼时可根据自己的爱好、身体条件、家庭条件参加多种多样的体育锻炼，如跑、跳、投、游泳、球类、体操、武术等，而不必受到过多的限制。

青少年锻炼的重点有两方面：一是培养他们参加锻炼的兴趣和习惯，二是全面提高他们的身体素质，如力量、柔韧、协调、平衡、肌肉耐力、心肺功能，而不是过早地发展某种专项技术。兴趣和习惯是终身坚持体育活动的基础，全面的身体素质是进一步提高运动成绩的保障。青少年参加锻炼的种类越多，身体的发展就越全面，身体的协调性就越好。

2. 持续的时间

青少年神经系统的特点是兴奋过程占优势并容易扩散，随着年龄的增长，抑制过程逐渐发展，最后兴奋和抑制达到均衡。青少年时期表现为活泼好动，注意力不易集中，因此青少年进行锻炼时，每种活动持续的时间不宜过长，强度不宜过大，体育活动的内容和形式也应尽量多样化并经常变化，防止单一的内容。锻炼的持续时间应逐渐延长。

3. 运动量、运动强度

青少年心脏的每搏输出量和每分输出量的绝对值比成年人少，但其相对值（以每千克体重计算）比成人大，年龄越小相对值越大，这就保证了在发育过程中因身体代谢旺盛所需的氧供应。这个特点说明了青少年的心脏能适应短时期紧张的体育活动。

青少年呼吸器官组织娇嫩，呼吸道黏膜容易损伤；肺组织中弹力纤维较少，肺间质多，血管丰富；肺的含血量较多，而含气量较少；呼吸肌发育较弱，胸廓较小，肺活量较小，体育活动中主要靠加速呼吸频率来增大肺通气量。

因此，青少年进行训练时，时间不宜过长，强度不宜过大，运动持续的时间及运动的强度要逐渐增加。同时，应指导青少年掌握正确的呼吸方法，呼吸时要强调加深呼吸的幅度，而不是增加呼吸的频率，并注意与运动的频率（如跑步的频率）配合，以促进呼吸器官的发育。

4. 每周锻炼的次数

青少年的肌肉较易疲劳，但恢复较快，因此每周锻炼的次数可较多，如每日一次或隔日一次均可。

5. 锻炼时的注意事项

① 体育运动要根据青少年的年龄和性别特点，进行合理的组织和安排，以促进身体和智力的健康发育。

② 青少年进行运动训练持续的时间不宜过长，运动量要适当，不应超过身体的负担能力。

③ 不应过早地让青少年进行专项训练。如果进行早期专项训练则要通过合理的选材，在严格的医务监督下进行。不应过早或过急地要求青少年出现好成绩，也不应让少年儿童过多地参加正式比赛。

④ 在进行力量练习时，应注意以下两点：第一，负荷不宜过重，并应尽可能减少憋气动作，以避免胸膜腔内压过高而使心肌过早增厚，而影响心腔的发育；第二，青少年屈肌的力量较伸肌的力量强，因而要加强伸肌的发展，以保持伸肌、屈肌间的平衡。

⑤ 青少年参加运动锻炼，应保证充足的休息和睡眠，并要有足够的营养和能量。

⑥ 青少年体育运动使用运动器械的大小、重量要符合其身体发育的特点。

⑦ 青少年的训练要和卫生教育结合起来，不仅培养他们具有健全的体魄，同时培养良好的个人和公共卫生习惯。

⑧ 注意观察青少年锻炼后的身体反应，并询问他们锻炼后的自我感受，以锻炼后精神状态良好、没有疲劳积累、没有不良感觉（头晕、恶心、食欲下降、睡眠不好等）为宜。

二、增高的运动设计

好的身高能体现一个人好的仪表。身材高大的人给人挺拔、高贵、安全的感觉，这让他们在工作和生活中取得相对领先的优势。

每个人都希望自己能"站得更高，望得更远"。然而身高很大程度上受到先天遗传因素的影响，也因此很多人长不高，就抱怨自己没有得到好的基因。其实大可不必，先天因素已成事实，难以改变，我们可以通过后天的努力，让自己的身高达到或接近理想的水平。

青少年正处在成长发育的大好时期，通过合理的营养、有效的运动和充足的睡眠，可以弥补先天的不足。

1. 增高运动分类

有哪些运动可以帮助我们长高呢？我们可以把有助于增高的运动分为有氧运动、弹跳运动，伸展运动三类。

（1）有氧运动 游泳、慢跑、快步行走、滑冰、骑车、球类运动等有氧运动，通过大肌群参与有节律的反复运动，可以加速血液循环，促进新陈代谢和生长激素的分泌。有氧运动最好每周3～5次，每次30～60分钟，每天不超过2小时，可分2～3次进行。

（2）弹跳运动 人体的高矮主要由下肢骨骼的长短决定，跳绳、跳皮筋、蛙跳、纵跳摸高等弹跳运动，可使下肢得到节律性的压力，充足的血液供应便会加速骨骼生长。弹跳运动以每天1～3次，每次5～10分钟为宜。

（3）伸展运动 引体向上、韵律操、太极拳、踢腿、压腿、芭蕾练习等伸展运动，可增加柔韧性，使身体变得更加轻松和灵活。配合前两种运动，每周进行3～5次。

2. 增高运动方法介绍

事实上，能够帮助长高的运动有那么多，而我们真正能在日常生活中应用的只是其中的一部分。结合设施、场地、器材和经济因素，以帮助青少年长高为目的的运动项目最好简易，耗时少，对设备、器材要求小。以下方法可供有需要的朋友参考。

（1）跳起摸高 双脚或单脚起跳，用双手去探摸预先看好的物体，如路边的树枝、篮球架框，或是天花板等。每次连续跳跃10～20次，每天2～3次。也可以多参加跳跃性球类运动，如打篮球时积极争取抢篮板球，打排球时多扣球和拦网，打羽毛球时多做扣杀动作等。

（2）引体向上　利用单杠做引体向上的运动，男生连续做10～20次，女生不少于2～5次，每天练4～5次。下肢负重做效果更佳。

（3）悬垂摆动　两手握单杠，高度以身体悬垂在杠上、脚趾离开地面为宜，两手间距稍大于肩宽，身体尽量松弛下垂，两脚并拢，身体做前、后摆动动作，摆动幅度不宜过大，每次练习3～5分钟，每天2～3次。

（4）下坡跑　选择倾斜较小的斜坡，由坡上往坡下快跑，跑时让身体重心稍微向后，每次跑300～500米。

（5）跳跃性练习　每天做单足跳、蛙跳、三级跳和原地跳200～300次。此运动简便易行，不受场地、器材限制，想长高的青少年可以多尝试。

（6）游泳　游泳时尽力伸直双臂和双腿，做上臂前伸、腿后蹬动作，每周游泳3次。在水中运动时，全身肌肉、骨骼放松，对促进身材增高效果较好。

除了坚持运动之外，还要注意健康饮食，不挑食，多补充蛋白质、维生素、矿物质。另外，充足的睡眠对生长十分重要，青少年每天应保证至少8个小时的有效睡眠。

三、增强肌肉力量的运动设计

肌肉力量是人体活动的动力，能使肌肉收缩、牵动骨骼而使身体各部分运动起来。充足的肌肉力量让我们能够更从容地应对日常生活中的体力支出，工作更有效率。而对于青少年朋友来说，在辛苦完成学业的同时进行适当的肌肉力量训练，不仅可以起到放松自我的作用，同时也为将来进入社会后的工作打好基础。

1. 上肢力量的训练方法

（1）抓空拳　抓空拳可以发展手的抓握力量。两手五指自然分开，然后用力由五指开始向手心慢慢用力抓握成拳，反复多次，感到手酸抓不住为止。

（2）俯卧撑　俯卧撑可以锻炼肱二头肌、胸大肌、前锯肌。

（3）支撑倒立 支撑倒立可以锻炼肩部肌群。两手撑地，后脚跟靠墙做手倒立。倒立时直臂、顶肩，保持身体直立、紧张，尽量延长支撑时间。

（4）哑铃直臂扩胸 哑铃直臂扩胸可以锻炼胸大肌、三角肌、斜方肌。两脚开立与肩同宽，身体直立，手持哑铃呈前臂前平举，两臂分开向后扩胸到最大限度，再还原成前平举姿势，上体尽量不动。

（5）哑铃直臂上举 哑铃直臂上举可以锻炼上臂肌、三角肌。两脚开立与肩同宽，身体直立，两手持哑铃于体侧经体前上举。然后经体前落下，上体尽量不动。

（6）哑铃侧平举 哑铃侧平举可以锻炼三角肌、斜方肌。两脚开立与肩同宽，身体直立，两臂下垂，手持哑铃直臂向上侧平举后落下还原。

（7）杠铃或哑铃屈臂 杠铃或哑铃屈臂可以锻炼肱二头肌、肱肌等。两脚开立与肩同宽，身体直立，两臂下垂反握杠铃或哑铃，上臂固定体侧，小臂向前屈举，尽量靠近胸部落下。

（8）杠铃推举 杠铃推举可以锻炼肱三角肌、胸大肌、三角肌。两脚开立与肩同宽，两手握杠，提起杠铃，翻握于颈前或颈后，用力向上推举至两臂伸直。推举宽握有利于发展胸大肌、三角肌，窄握有利于发展肱三头肌。

（9）屈体斜拉杠铃 屈体斜拉杠铃可以锻炼背阔肌。两脚开立与肩同宽，身体前屈，两臂下垂，手握杠铃用力提拉杠铃到腹部，并经胸前向前斜下方推送至原位，尽量靠近身体，下推使杠铃触地。

2. 下肢力量的训练方法

（1）徒手练习

① 练习蹲马步，可采用靠墙蹲和不靠墙蹲两种姿势，时间可以根据个人的身体素质来定。

② 练习"金鸡独立""燕式平衡"等动作，提高腿部的静力性力量。

③ 原地纵跳，收腹跳，跳起转体180度、360度、540度、720度，快速多级跳，立定三级跳，急行三级跳，急行多级跳，蛙跳，兔跳。

（2）负重练习

① 负重提踵练习　肩负杠铃或哑铃进行提踵训练，每次要求脚后跟尽量提高，把身体重心放在两脚的前脚掌上，练习时注意不要受伤。

② 负重蹲起练习　杠铃重量约为个人能连续做8～12个蹲起动作为准，负重做蹲起和半蹲起动作。要求蹲下时稍慢，起来的时候快速。练习时每组不少于8次起蹲，需要有同伴在一旁保护防止摔倒。

③ 负重做各种跳跃动作练习　负重重量适中，可选择杠铃或哑铃，动作可选择弓箭步换腿跳、半蹲跳、跨跳等。在增强腿部力量的同时，增强髋关节的力量。

④ 负重爬楼梯　负重重量为个人最大可蹲起重量的一半，快速蹬楼梯。开始时可以一次蹬一级梯，随着力量的增强，每次可以蹬两个台阶，楼梯的长度也可以增加。

四、提高耐力的运动设计

耐力是指长期肌肉重复收缩的能力。就日常工作生活而言，耐力也可以简单地看作对抗疲劳的能力。

耐力对我们日常生活工作十分重要。当今社会学业、工作压力巨大，连续作战已是家常便饭。良好的体力可以使我们能够轻松应对繁重的课业、工作任务。所以对于青少年来说，有目的、有计划地进行耐力训练是十分必要的。

耐力素质包括无氧耐力和有氧耐力。无氧耐力指的是单位时间内肌肉在无氧的条件下运动而不疲劳的次数。有氧耐力是指长时间进行有氧供能的工作能力。就日常生活需要而言，有氧耐力对我们的学习、工作更有帮助。通过锻炼可以有效提高我们自身的耐力值。下面，我们主要介绍有氧耐力的训练方法供青少年朋友参考。

1. 持续负荷法

持续负荷法是发展有氧耐力的主要方法，其特点是负荷量大，没有间歇。持续负荷法根据速度是否变化又分为匀速训练和变速训练两种。采用持续负荷法训练时，每次负荷时间不少于30分钟。对于有一定训练水平的运动员，负荷时间可以达60～120分钟。练习强度可以通过测定心率等方法计算，心率可控制在每分钟150～170次。

采用变速训练时，可在练习过程中逐步提高速度，即从较低的强度提高到中等强度。例如第一个1/3的距离可用较低的速度完成，然后将速度提高到稍低于中等强度的水平，最后1/3距离则用中等强度的速度完成。此外，还可以不断变换强度。例如，在每1～10分钟的最高强度负荷后，可穿插安排中等强度负荷，以保证机体在下一次提高负荷前稍有调整。采用最大速的负荷时，心率可达到180次/分，恢复阶段降到140次/分。有节奏的、波浪形变化的强度安排，有助于进行大负荷训练，并能有效提高心脏和中枢神经系统功能，提高机体在不同情况下的适应能力，从而大大提高有氧耐力水平。

2. 间断负荷法

间断负荷法又分为间歇训练法和重复训练法，其主要特征如下。

（1）间歇训练法　间歇训练法是一种采用各种强度的重复刺激，并在练习之间按预定计划安排间歇时间，不完全休息的训练方法。这种对发展耐力水平非常有效。间歇训练的主要影响因素有强度、负荷数量、持续时间、间歇时间、休息方式、练习组合等。

① 强度　短距离或中距离间歇训练心率应达到170～180次/分，长距离间歇训练心率应达到160～170次/分。只有用较大强度才能有效提高心脏功能，达到发展有氧耐力的目的。

② 负荷数量　负荷数量以距离和时间来标识，其基本要求是一次练习负荷数量不要过多。若一次练习负荷数量多，持续时间长，则会导致工作强度下降，不利于心脏功能的提高。

③ 持续时间　练习持续时间可根据练习任务和运动员本身情况确定。每一次练习的持续时间，可分别为15～90秒，2～8分钟等。在训练中

较多的是60～90秒。但整个练习持续时间应尽可能延长，应保持在半小时以上，只有这样才能提高有氧的能力及心脏的潜在功能，并有利于意志品质的培养。

④ 间歇时间　为实现对运动员呼吸和心血管系统不间断的刺激，主要以心率来控制间歇时间，其基本要求是在运动员机体尚未完全恢复（心率恢复到120～140次/分）时进行下一次练习。这样可使运动员在积极性休息阶段摄取大量氧气，并使整个练习过程的摄氧量和心搏量都保持在较高的水平上。

⑤ 休息方式　采用轻微的积极性活动休息方式（如慢跑），对肌肉中的毛细血管起到"按摩作用"，使血液尽快流回心脏，再重新分配到全身，以尽快排除机体中堆积的酸性代谢产物，从而利于下一次的练习。

（2）重复训练法　重复训练法在发展有氧耐力的同时，还能发展专项或比赛耐力。练习距离可长于或短于比赛距离。负荷强度比间歇训练法大。每次训练应等完全恢复以后，再重复进行。较长时间的重复训练对有氧耐力要求很高，因为重复训练的速度非常接近比赛时的速度。

五、提高速度的运动设计

在耐力素质大致相同的条件下，速度好的运动员往往能够取胜。适当的速度训练有助于我们更好地发挥身体功能。

速度分为反应速度、动作速度和移动速度。下面我们分别进行讨论。

1. 反应速度

反应速度是指人体对各种信号刺激（声、光、触觉等）的快速应答能力。从生理学的角度来看，反应速度的快慢取决于信号通过反射弧所需的时间长短。

所谓反射弧是指反射活动所经过的神经通路，包括感受器——传入神经——神经中枢——传出神经——效应器。感受器接收到外界信号并由感受器传入中枢，中枢接收到信号会对信号进行处理并做出反应，将处理信息传送给效应器，最后由效应器对外界做出反应。

在正常情况下，感受器的传入速度和中枢的传出速度的个体差异不大，反应的快慢更多由中枢处理外界信息的速度所决定。信号传入，中枢迅速做出反应并指示效应器进行处理，是我们理想的反应速度。事实上，中枢对传入信号直接做出反应并传输给效应器的生理现象就是我们所熟知的条件反射，而我们正可以通过长期反复的训练以形成条件反射来提高反应速度。

可以通过一些简单的体育活动来训练反应速度。比如用废纸捏成实心小球，把纸球往墙上扔，快速接回反弹的纸球。因为纸球并不是完全规则的球形，其反弹的轨迹也是不定的，反复练习可以提高反应速度。

有条件的朋友可以进行专门的速度球练习，效果更好。

2. 动作速度

动作速度是指人体快速完成某个动作的能力。动作速度受到肌肉力量和负荷的影响。负荷大小与肌肉收缩速度的关系式可表示为 $V=(F-P)/P$（V 是速度，F 是力量，P 是负荷）。从公式我们可以看到，肌肉力量越大，负荷越小，动作速度就越快。

动作速度的训练可以围绕这两点进行。

① 提高肌肉力量，可以通过反复练习法、负重练习法提高完成某个动作的主动肌力。

② 训练时应用较小的负荷或负负荷，如跑步时用橡皮带牵引跑或下坡跑、顺风骑自行车等，可以最大限度地提高完成动作的速度。

3. 移动速度

移动速度是指人体在单位时间内快速移动的能力。

通过动作技术结构学和动作能量学的变化来实现提高专项最高速度和达到最高速度的能力称专项前翼，而通过动作能量学的变化来实现维护动作技术结构和保持专项最高速度水平的能力则称为专项后翼。两者决定着专项速度的能力和水平，此外，身体素质的水平决定着专项水平的高低。

各项专项运动对移动速度的要求各不相同，练习方法也因此各有侧重。下面介绍几种锻炼移动速度的方法。

（1）短冲刺训练法　可以有效提高人体非乳酸性无氧耐力，有利于提高绝对速度。采用距离小于80米，如2～3组的（30米＋40米＋50米＋60米＋40米＋30米）每次休息2分钟，组间休息5分钟。

（2）重复训练法　速度训练距离不超过80米，强度达85%～100%，每次练习之间的间歇时间以使机体达到基本恢复为准。

（3）间歇训练法　一次（组）练习之后，机体经过休息而未完全恢复的情况下即进行下一次（组）练习。分为快间歇训练和慢间歇训练，例如200米的间歇跑训练分为快间歇200米28秒，间歇30秒；慢间歇200米30秒，间歇28秒。

六、促进灵敏性的运动方案

灵敏性是指人体在各种突然变换的条件下，快速、协调、敏捷、准确地改变身体的空间位置和运动方向，以适应变化着的外界环境的能力。

1. 影响灵敏性的因素

（1）交互抑制　支配动作反面肌肉的神经冲动之抑制或阻止。

（2）力量　反面肌肉的放松与收缩。

（3）耐力　疲劳的出现对精致动作有影响。

（4）心智练习　心智练习可以提高精神集中力从而改善灵敏性。

（5）本体感受器　本体感受器是指位于肌肉、肌腱和关节内的感受器，感受身体在空间运动和位置的变更，向中枢提供信息。有的将前庭器官的感受装置也列为本体感受器。

2. 发展灵敏素质的常用方法

（1）躲闪练习　在跑、跳当中做一些迅速改变方向的跑和躲闪练习。

（2）快速起动、急停练习　在跑、跳当中做各种快速急停、转身和突然启动练习。

（3）以非常规姿势完成的练习　侧向跳远、倒退跳远、倒退跑等练习。

（4）综合练习　用"之字跑""躲闪跑""穿梭跑"和"立卧撑"四项组成的综合性练习。

（5）限制完成动作空间的练习　在缩小的球类场地进行练习。

（6）改变完成运动的速度或速率的练习　变换动作的频率，逐步增加动作的频率练习。

（7）变换方向的追逐性游戏。

（8）各种滚翻练习　各种滚翻练习包括前滚翻、后滚翻、侧手翻等。

（9）跪跳起练习。

（10）攀、爬练习。

灵敏素质之所以是运动技能、神经反应和各种身体素质的综合表现，是因为它在不同程度上体现了力量、速度、耐力、柔韧等素质。通过力量，特别是爆发力量，控制身体的加速或减速；通过速度，特别是爆发速度，控制身体移动、躲闪、变换方向的快慢；通过柔韧保证持久的工作能力。这些素质的综合运用才能保证动作的熟练程度。因为神经反应决定了反应速度的快慢、判断是否准确、应答动作是否及时，因此反应迅速、判断准确、及时做出应答是灵敏素质的先决条件，各素质协同配合是完成应答动作的基础。应答动作的熟练程度直接体现了灵敏素质的高低。所以，灵敏素质是运动技能、神经反应和各种素质的综合表现。

从幼儿开始学走路到六七岁期间，平衡器官得到充分发展；从7～12岁，灵敏素质稳定提高；13～15岁为青春期，身高增长较快，灵敏素质相对有所下降；以后随年龄增长又稳定提高，直到成人阶段。

少年儿童神经系统是人体发育最早、最快的系统，它们具有较快的反应能力，在动作速度、平衡能力、节奏感等方面都具有很大的发展潜力，这些都为发展灵敏素质提供了有利的条件，因此要抓住这一时期进行灵敏素质练习。

七、学生余暇体育运动

1. 余暇体育的定义

所谓余暇，也叫作闲暇，一般是指扣除一个人所参加的各种社会活动和履行各种社会必要职责之后剩下的完全可按个人意愿自由支配的时间，而对青少年朋友来说其实就是课余时间。余暇体育毫无疑问属于余暇活动的一种，而且属于积极性的余暇活动。关于余暇体育，其基本意义是指人们利用余暇时间，为了达到健康、健美、娱乐、消遣、刺激、宣泄等多种积极目的所进行的各种身体练习活动。

对于大多数家长而言，孩子的课余体育活动一直是他们头疼的问题。孩子不喜欢参加课外体育活动，担心他（她）体质跟不上；孩子太喜欢参加课外体育活动，又担心他（她）的学业受到影响。

然而课余体育活动对青少年来说十分重要。经常进行课余体育锻炼，有助于培养青少年终身体育的意识，培养青少年终身体育的兴趣，培养青少年终身体育的习惯。课余体育的最终目标是青少年体育终身化，课余体育是奠定青少年终身体育基础的有效手段。

2. 课外体育活动的功能

课外体育活动始终是体育教育活动的一个重要组成部分，其最终的目的、功能就是使学生能积极地参加课外体育活动，保证在校期间有足够的身体活动时间，增强体质和体能；使学生有充沛的精力进行文化课的学习，提高学习效率；为终身体育打下良好的基础。课外体育活动的功能从根本上讲还取决于课外体育活动本身所固有的特点和学校教育的需要。

3. 课外体育活动的内容

课余活动的内容可以根据个人爱好进行选择，如早操、眼保健操、校园集体舞、长跑、篮球、排球、足球、乒乓球、羽毛球、跳绳、跳皮筋、踢毽子、跳高、跳远、赛跑、单双杠、荡秋千、爬组合架、下棋、仰卧起坐、掰手腕等，关键是达到锻炼、休息、娱乐、消遣的目的。建议课间不要进行过于激烈的运动，以免影响下节课听课的效率。

课余体育活动应该成为青少年的良好习惯。有规律的体育锻炼对青少年今后独立生活大有裨益。它不仅可以帮助我们获得良好的体质，还可以帮助我们合理规划作息时间，健康生活。它既有锻炼的功能，又可以帮助学习；既可以愉悦心情，又可以发展个性和特长。

八、其他体能训练相关运动

很多人对体能的概念不是很清楚，常常会把它与单独的力量、速度或耐力等画上等号。事实上，体能包括了前面讨论过的力量、速度、耐力、灵敏，它是身体能力的总和。对运动员而言，是指运动员为提高运动技战术水平和创造优异运动成绩所必需的各种身体运动能力的综合，包括运动员的身体形态、身体功能、身体健康和运动素质。而对于普通人而言，体能所代表的含义则与进行日常活动、完成工作所需更加相关，指人对体力劳动和运动的适应能力，主要采用有氧耐力、肌力、体力劳动能力和运动能力进行评价。

体能训练的内容无外乎力量、速度、耐力、灵敏，前面都已有讨论。而针对不同的实际需要，体能训练当然各有侧重。比如短跑运动员可能更侧重于下肢爆发力量的训练，而长跑运动员更侧重于耐力的训练。

体能训练的效果，在很大程度上取决于训练方法的正确运用。一般常采用重复训练法、变换训练法、间歇训练法、循环训练法、持续训练法、竞赛训练法、心理训练法等。

运动对生长发育的影响是多方面的，适量的运动可以促进生长发育，微量的运动对生长发育无明显影响，过量的运动则可能对生长发育产生负面作用。

专家指出，3～6岁幼儿适当进行体操基本训练是有益幼儿生长发育的，但从一两岁就开始为孩子制订详细的专项训练计划是违背幼儿生长发育规律的，这个阶段的孩子应该是随性而为，以发展协调和柔韧等素质为主。

少年儿童的生长发育是个自然发展的阶段，即使少儿不参加体育锻炼，其各项身体素质也能发展。但6～18岁是自然发展趋势中的敏感发展时期，在这时期少年儿童参加合理的体育训练可以极大地提高身体素质，达到事半功倍的效果。如表5-1所示，速度训练的敏感发展时期是6～17岁，而耐力则在7～17岁，柔韧素质在7岁以前，力量和灵敏素质在7～12岁和6～14岁之间。

表5-1　少年儿童各项身体素质敏感发展时期表

性别	速度			耐力	柔韧	力量			灵敏
	反应速度	位移速度	动作速度			绝对力量	速度力量	耐力力量	
男	6～12岁	7～14岁	7～17岁	7～17岁	7岁前	11～12岁	7～12岁	7～12岁	6～14岁
女	6～12岁	7～12岁	7～14岁	7～17岁	7岁前	10～12岁	7～12岁	7～12岁	6～14岁

青少年在青春发育高潮期，身高、性激素出现较为明显增长。对早期专项化训练的青少年要随时进行监控，加强营养补充，使他们顺利度过发育关，朝有利于竞技体育所需的方向发展。

合理运用少年儿童身体发育的敏感期，在敏感发展期可以增加训练的量和强度，在非敏感期减少训练的负荷，这样就可以做到事半功倍的效果，训练的效果也更显著。

第二节　登山运动与健康促进

一、登山运动的定义、特点、分类

1. 登山运动的定义

登山运动是指登山运动员或爱好者在自然环境中徒手完成，抑或通过借助专门装备攀登各种不同地形的山脉或山岭的一项极富挑战性和探险性质的运动。同样，也有学者将登山运动定义为："登山运动是指在特定的自然环境条件下，人们徒手或者通过借助专门登山装备，从低海拔地形向高海拔山岭或山峰进行攀登的一项体育项目。"

2. 登山运动的特点

登山运动的特点如下。

① 它发生在自然环境里，既无正规场地，亦无观众，运动员或登山爱好者是在高海拔、严寒、缺氧情况下跨越陡峭岩壁与雪坡冰墙，并最终顺利达到高山顶峰的一项体育活动。

② 进行登山或攀岩运动的人必须自行携带登山专门装备，并能熟练借助设备完成登顶。

③ 登山活动在自然环境中进行，受到外界环境因素及人的主客观因素的多重影响，其危险程度更高。

④ 组织者与管理者必须更加注重临场指挥，后勤保障、医务监督以及通信联络等也必须能即刻到位，其不确定性和探险性也正是这项运动吸引人的地方。

3. 登山运动的分类

人们将登山运动分为登山探险、竞技攀登（攀岩、攀冰等）和健身登山等几类。其中，健身登山运动更倾向于适合旅游和普及健身的群众性体育活动，多是指普通人群完成难度低的攀登，也只是借助一般的登山装备，完成简单的健身登山活动等。因此，我们依据登山运动不同分类方法，通常将登山者分为两大类人群：第一类是登山爱好者或称之为健身登山人群；第二类则是专门从事登山运动的登山运动员或职业登山者。

二、登山运动锻炼方法指导

1. 结绳

（1）单结 若想在绳子上打一个结，单结是最简单的结，也是许多绳结的基本构成。先将绳端与绳子相交，穿过绳环，再打成一个结，然后一拽就完成了。单结的打法如图5-1所示。

（2）双单结　用两条绳子一起打单结，将绳子紧紧拉成一条直线，使绳结牢固。双单结的打法如图5-2所示。

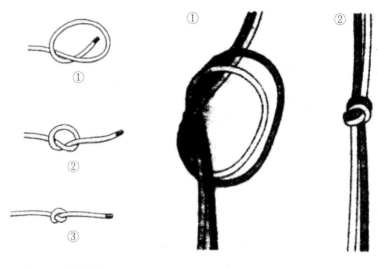

图5-1　单结的打法　　　　　　图5-2　双单结的打法

（3）单结绳环　用绳圈打一个单结，紧紧拉这个结。单结绳环的打法如图5-3所示。

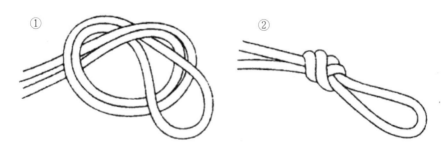

图5-3　单结绳环的打法

（4）渔人结　两条绳端对齐，相互绕过打单结，紧紧拉这个结。渔人结的打法如图5-4所示。

（5）巴克曼结 绳环向主绳后的钩环扣进，向上拉绳环，从主绳及钩环后面绕3～5次。巴克曼结的打法如图5-5所示。

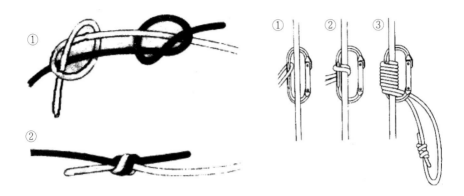

图5-4 渔人结的打法   图5-5 巴克曼结的打法

2. 上升

（1）"之"字形上升 如果攀登的山比较陡峭，为了降低风险，要避免直线攀登，采用像"之"字一样的攀登路线，即按蛇形轨迹攀登。

（2）三拍法上升

① 双手将冰斧头两边握住，斧底钉向斜坡面插进。

② 一只脚脚尖用力踢破斜坡面覆盖的雪的表层，建立一个支点。

③ 另一只脚提上前，按同样的方法再建立一个支点，逐渐上升。

3. 下降

（1）缘绳下降 沿主绳依次向下倒手，在倒手时一手先将抓结捋下，两脚同时顺势向下倒步，与上肢动作协调配合。为避免手臂承担过重的负担，前脚掌尽可能将凸起的岩石或棱角踩住，两腿稍微保持一定距离，不要靠得太近，否则身体无法平衡。倒手时要牢牢抓住主绳，控制好速度。

（2）利用下降器下降 两腿保持一定距离以稳固身体，双手将主绳牢牢抓住，左手上方的绳索搭在崖棱后，两脚支撑点为一上一下，蹬岩壁时主要用前脚掌的力。开始下降时，臀向后坐，右手从抓握的绳上慢慢松开，身体缓缓下降，两脚顺势下移，速度稍快一些，注意身体不要晃动。

三、登山时的注意事项

登山是一项强度很大的健身活动，体质很弱的人不要勉强参加无法承受的登山活动。在进行登山活动时，要注意以下几项。

1. 提前做好身体锻炼

在进山前1~2周，最好在原有锻炼的基础上再加大些运动量。进行登山活动，在身体素质上要兼顾力量、灵巧和平衡，同时突出力量的锻炼。力量锻炼以下肢为主。下肢力量的提高，可采取长跑、负重下蹲、单腿下蹲、立定跳远、爬楼梯等多种手段。测定指标可用单腿下蹲次数。

2. 做好心理准备

在进行身体锻炼的同时，还要做些心理建设，在勇敢、意志和冷静方面自觉要求。手段上可采取个人设想和集体合作，比如在山上遇到暴风雨怎么办？遭遇雷电怎么办？因种种原因滞留山区，给养不够了怎么办？大风把营帐吹翻了怎么办？出现重病号怎么办？迷路了怎么办？总之，对困难要有尽可能多的心理准备。

3. 备好物品装备

备好运动鞋、绳索、干粮和水。在夏季，一定要带足水，因为登山会出汗，如果不补充足够的水分，容易发生虚脱、中暑。最好随身携带急救药品，如携氧片、止血药物、止血绷带等，以便在发生高原反应、摔伤、碰伤、扭伤时派上用场。

4. 膝关节不好者不要登山

专家说，登山虽然是很好的运动项目，但并不是人人适用。膝关节不好的人，应少登山、爬楼梯。

5. 应该慎重选择登山的地点

要向附近居民了解清楚当地的地理环境和天气变化的情况，选择一条安全的登山路线，并做好标记，防止迷路。

登山是集体活动项目。一心为集体，团结友爱，关心同伴，不仅是组织登山活动必备的思想基础，也是我们通过活动锻炼要达到的目的。从准备阶段开始，就要在同伴中加强这方面的培养和教育。有了集体主义精神，在山区大困难会变小，小困难会变无。集体主义精神是一支登山队伍的灵魂。

第三节　游泳运动与健康促进

在全民健身的背景下，游泳运动成了一种健康的健身方式。我们应倡导社会有效普及游泳运动，让游泳运动能够为更多人带去欢乐、带去健康。我们应紧抓学校教育，利用正规的游泳课程，带领学生学会游泳、爱上游泳。

一、游泳运动的内容与特点

游泳是一项能够提高心肺功能，增强免疫力，具有瘦身、美体、滋养皮肤等功效，夏季或暑假中比较流行的运动。古代人们为了生存，需要捕猎水中的鸟类和鱼类等动物作为食物，经过学习与模仿鱼和青蛙等一系列的动物在水中游泳的姿势与方法，渐渐地形成了现代的游泳动作。人们现在常说的游泳就是指竞技游泳项目，它包括蝶泳、仰泳、蛙泳和自由泳四种泳姿。因为游泳运动是在水中的环境开展的，和别的运动项目相比较，更能体现出较强的健身价值、趣味性以及娱乐作用，所以适合人群更为广泛。

二、游泳运动技术优化创新措施

1. 正确的身体姿势

在游泳技术动作中，身体姿势占据着至关重要的位置，外在阻力的大小、游速的快慢正是取决于身体姿势正确与否。为了使阻力最小化，身体在浮力作用下应该尽量保持在水面高位且与水面平行，即游泳时身体越是呈水平姿势，阻力就越小。此外，姿势是否呈流线型也非常重要，体态越不规则，身体前后形成的压力差就越大，受到的来自水的阻力也就越大，因此，在游泳时要尽可能保持身体的流线型。

由于不同泳姿要求的体态各不相同，身体在前进中的动作也会随之变化。例如仰泳就需要身体在水中保持较高的水平位置，在拨动四肢前行的前提下，使身体与水平面的夹角尽可能小，大腿收得不宜过多；再如蝶泳，虽然不讲求统一的体态，但在前进过程中也要把身体幅度控制在一定范围内，小腿尽可能地全部收在大腿的投影截面后，并且在把身体保持在水面高位的基础上尽可能加大向前的推进力。

2. 协调而有节奏的动作

在游泳过程中，身体四肢之间、四肢及与其相连的肌肉群之间应尽可能地表现出协调一致性，这种协调一致性可以反映出运动员技术掌握情况。协调一致性越高，越能有效节省体力，这点在长距离游泳比赛中尤为重要。此外，协调性与节奏感还呈现出很高的相关性，二者在游泳过程中相互影响、相互促进。运动过程中的协调性和节奏感由大脑神经中枢中的兴奋与抵制冲动转换而成，运动员可以通过长期有意识地训练这一技术，提高自身的协调性和节奏感。

3. 肘部、臂部动作要点

游泳技术的重要特点之一是讲求肘与臂的配合，肘要高、臂要屈，划水时肩部保持相对固定状态，抬高肘关节弯曲臂划水，这样能增加划动距离和划水力量，提升有效划水幅度，提高游速。

4. 划水轨迹要点

现代游泳技术为增加对水的有效作用时间，获得最佳的水平升阻合力作用，使身体获得更久的冲刺时间、更少的阻力、更大的前冲力，要求运动员的手掌在水中划臂轨迹形成的一条螺旋曲线，这种划水方式叫作螺旋曲线划水。

5. 加速度划水要点

经现代游泳技术研究，游泳推进力的主要来源是作用力与反作用力，即阻力。而根据水的简化阻力公式，阻力与运动员在水中的投影截面、运动速度的平方成正比。所以划水过程中的加速度是游速快慢的关键，加速度越大，身体的推进力就越大，游速也就越快。因此要想获得更好的加速度划水效果，就需要更快的划水速度、更大的动作冲量与幅度。

6. 划水幅度与频率要点

比赛中的游速决定了比赛最终的成绩，除了出发和转身时的小距离滑行，剩余大部分中途距离是成败的关键，中途距离的游速由划水动作的幅度和频率共同决定，二者相辅相成。单一提升划水幅度或频率都可以提高游速，但一味强调其中之一，置另一因素于不顾，最终也难以取得好成绩，所以划水幅度与频率还要依据自身因素和比赛长度来合理制订。

三、游泳的运动锻炼方法指导

下面以蛙泳为例，详细讲述以下游泳的锻炼方法。

1. 身体姿势

俯卧，充分伸展两臂并与头相贴，目视水面的前下方，身体纵轴与水面间保持较小的夹角，如图5-6所示。划水时，躯干稍微向上抬，此时露出水面的部位有头、肩及上背部，如图5-7所示。

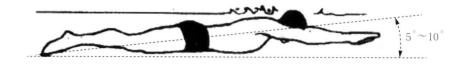

图5-6   俯卧的动作

图5-7   划水的动作

2. 下肢动作

（1）收腿   膝盖下沉，小腿轻轻向大腿靠拢，收腿后大腿与躯干的夹角在130°～140°的范围内，如图5-8所示。

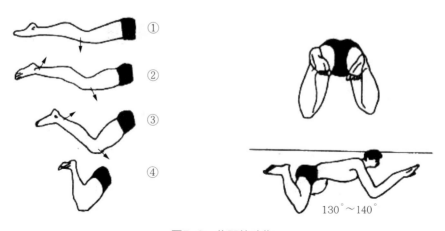

图5-8   收腿的动作

张开小腿，大腿内旋，在快完成翻脚动作时迅速蹬夹，动作要有一定的力度。

（2）蹬夹水　向后蹬腿时，脚外翻，下肢在腰腹力量的控制下慢慢伸直，然后左右腿并在一起，如图5-9所示。

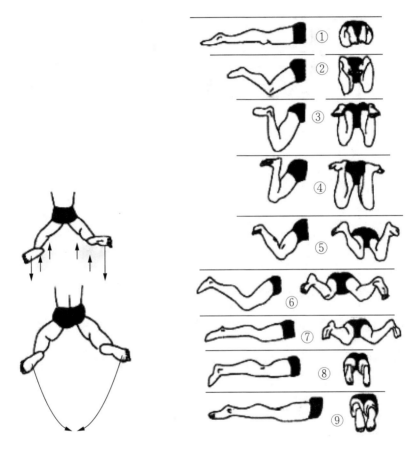

图5-9　蹬夹水

（3）滑行　随着惯性继续向前滑，腿适当放松一些，做好收腿准备。

3. 上肢动作

双手从"桃心"顶尖开始连续划动，直到划完一整个大圈，如图5-10所示。

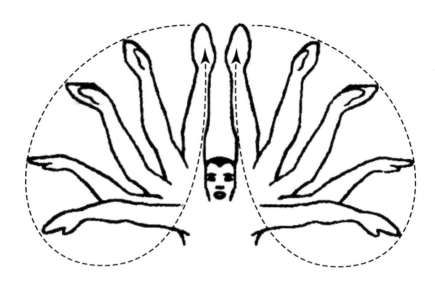

图5-10　"桃心"划动

完整的两臂划水过程是由图5-11至图5-14所示的四个阶段组成的，分别对应的是外划、下划、内划、前伸。

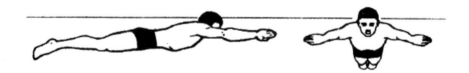

图5-11　外划动作

图5-12　下划动作

图5-13　内划动作

图5-14　前伸动作

4. 配合动作

（1）上下肢配合方法　上肢内划时，下肢放松，膝下沉，用较小的力收腿。上肢伸向前方时，收腿、翻脚（动作要迅速）。上肢再次向游进方

向伸展时，下肢后蹬夹水。最后伸展整个身体呈流线型前进，如图5-15
所示。

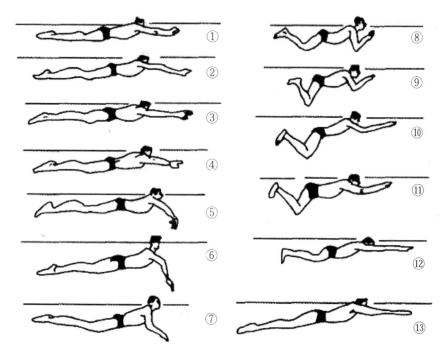

图5-15   上下肢的配合

（2）上肢与呼吸配合方法　上肢外划时呼气（在水面上）；下划和内
划时吸气；前伸时闭气（水中）；滑行时呼气。

四、游泳时的注意事项

游泳虽然对人的身体健康有着诸多益处，但是如果方法不当也会对人
体造成危害。游泳时要注意以下事项。

1. 患病者不要去游泳

有中耳炎、心脏病、皮肤病、肝肾疾病、高血压、癫痫、红眼病等慢

性疾病的患者，及感冒、发热、精神疲倦、身体无力者都不要去游泳。因为上述患者参加游泳运动，不但容易加重病情，而且还容易发生抽筋、意外昏迷，危及生命。传染病患者易把病传染给别人。另外女士月经期间不宜游泳。

2. 切勿空腹下水

一般在饭后半小时后游泳，保证体力及食物适度消化。不能在空腹饥饿状态下去游泳，否则容易导致体力不支及抽筋等。游泳时间不要过长，在1个小时以内比较合适，长时间泡在水里容易导致身体不适。

3. 做热身运动

下水前要先在岸上做准备活动，热身10～15分钟，活动关节以及各部位肌肉。否则，突然进行较剧烈的活动，容易使肌肉受伤或发生其他意外。可采用高抬腿、蹲下起立等四肢运动。

4. 注意防护

泳镜有利于保护眼睛，防止眼睛进水及感染；不会游泳者记得携带好游泳圈，能在关键时刻起作用；注意游泳的时候保护耳朵，防止水流入耳朵引起不必要的麻烦；注意防止呛水而发生意外。

5. 注意水质

被污染的（水质不好）河流、水库、急流处、两条河流的交汇处以及水位落差大的河流湖泊，均不宜游泳。一般来说，凡是水况不明的江河湖泊都不宜游泳。恶劣天气如雷雨、刮风、天气突变等情况下，也不宜游泳。

第四节　跳绳运动与健康促进

一、跳绳时的注意事项

想通过跳绳达到保健的目的，就一定要科学合理地遵循跳绳的原则，并且注意以下几点事项。

① 跳绳之前最好活动一下全身，尤其是相关的部位，如肩膀、手臂、手腕、脚踝，避免扭伤、挫伤。开始跳绳后，速度由慢到快，循序渐进。

② 跳绳者应穿质地软、重量轻的高帮鞋，避免脚踝受伤。

③ 起跳和落地是前脚掌的"任务"，因为脚后跟着地，时间长了会产生很多隐患——大脑、脚踝和脊柱都有可能受到不同程度的损伤。同时，膝盖应微微弯曲，缓和膝盖、脚踝与地面接触时的冲撞。

④ 选择软硬适中的草坪、木质地板和泥土地的场地较好，以免损伤关节。

⑤ 地面一定要平坦，最好铺上地毯或软垫。不宜在松动的土地上练习，否则，绳摩擦地面会扬起很多尘土，污染呼吸道，对眼睛也不好。

⑥ 体重超标的人宜采用双脚同时起落的方式跳。同时，上跃也不要太高，以免关节因过于负重而受伤。

二、跳绳的锻炼方法指导

1. 跳长绳

（1）跑过　绳子从最高点下移时，在其与地面接近时迅速跑过。跑过时可以做一些转体、单脚跳、双脚跳等动作。如果是两人或多人跑过，跑过时可相互击掌，如图5-16所示。

图5-16　跑过的动作

（2）跳过　摇绳后一人或多人跑进并在跳过绳子后跑出。跳过绳子的方法有单脚跳、双脚跳、屈腿跳、转体跳等，跳过者也可相互击掌。或者在地上放一个轻巧的东西，要求练习者跑过后拾物跑出。可以连续多次跳过绳子后再跑出，如图5-17所示。

图5-17　跳过的动作

2．跳短绳

（1）单人跳　双手将绳子的左右两端握住，一脚踩住绳子正中间，屈肘至大小臂垂直，拉直绳子，如图5-18所示。可以将绳子向前摇、向后摇、两臂交叉摇。基本跳法有很多，如单（双）脚连跳和垫跳、交换脚连跳和垫跳、跳绳跑、单（双）脚两摇跳和多摇跳。它们的共同点是均为前脚掌蹬地跳起。

（2）双人跳　两人相距一定距离手拉手并排而立，外侧手摇绳，摇绳、跳过的动作都是同步的，可以做行进间跳绳的练习。还有另一种姿势的跳法，即两人

图5-18　单人跳的动作

面向而立，一人摇绳，同伴扶在摇绳者的腰侧，同时跳，如图5-19所示。

图5-19　双人跳的动作

（3）三人跳　一人摇绳，两名同伴分别在其身前、身后站立，一人带两人跳，如图5-20所示。

图5-20　三人跳的动作

3. 跳绳游戏

（1）数量比拼游戏　规定跳绳时间，跳的数量多者获胜。

（2）速度比拼游戏　组织跳绳接力赛，先跳完的一组获胜。

（3）花样比拼游戏　规定跳绳时间，这段时间内跳绳花样最多者获胜，如交叉跳、一摇两跳、一跳双摇、跳转180°等。

第五节　太极拳运动与健康促进

太极拳保健法多以养生太极拳为主，养生太极拳理精法密，练形、意、松、息、气、劲、神，由浅入深，逐阶进修。养生太极拳是一种身心兼修的练拳健身运动。练拳时注重意气运动，以心行气，疏通经络，平衡阴阳气血，以提高阴阳自和能力——即西医所说的抗病康复能力和免疫力。

一、太极拳养生的具体内容

通常，太极拳养生遵循着"三练"，即练脑、练气和练身，这同样也是太极养生的益处，具体内容如下。

1. 练脑

太极拳对脑的功能起着积极的调节和训练作用。太极拳要求精神专一、全神贯注、意动身随、内外三合、连绵不断、一气呵成。这些细微、复杂、独特的锻炼方法和要求融合在太极拳练习过程当中，对大脑有很好的锻炼作用。此外，太极拳是"以静制动，虽动犹静"，动与静结合的锻炼方法，这有益于对大脑皮层兴奋、抑制的调节。它对大脑皮层过度兴奋引起的神经衰弱、失眠、头晕等有显著疗效。如果长期坚持下去，亦可逐渐消除疾病在大脑皮层引起的病理兴奋，从而达到治疗效果。

2. 练气

太极拳练气有动练和静练两种方式。静练就是通过静坐、站桩来练习，是静以致动。这里"静"指的是形体，"动"指的是内气。

练太极拳一定要结合练静功。可以先练静功再练拳，也可以在练拳过程中结合练静功，如每次练套路前先练静功或者练完套路后再练一段时间的静功。动练就是结合套路练气。这方面重点注意两点。

① 要了解每式对内气导引的作用，这就要深入理解每式的要领。

② 仔细体会每式动作后身体的气感变化。练拳到一定程度，每一动都是有气感的。

对"气"的理解不要玄虚化，它不是不可捉摸的东西。从太极拳养生的角度看，结合太极拳论中的分析，"气"主要指的是深长呼吸使肺腑排出大量浊气，吸入较多的氧气，提高了肺部的换气效率，同时增强了肺组织的弹性。通过气的运行，肌肉每平方毫米约有200条毛细血管打开使用（在平时只有5条左右有血流过）。而毛细血管是依照一定周期来开闭的，因此它们的搏动，好像给身体增加了几百万个微小的"心脏"。这些外围小心脏的大量开发，减轻了心脏的负担，对心脏病的防治极为有利。

3. 练身

（1）加强肌肉、骨骼和关节的韧性和弹性。

练习太极拳要求松柔、螺旋的运动形式，动作连绵不断、刚柔相济、快慢相间，从而使得全身各部位的肌肉群、肌纤维在反复绞转、缠绕中都参加活动。在意念的引导下，动作、姿势用意不用力，筋骨、肌肉放松，这就使得肌肉纤维能拉长到一般运动所不能达到的长度，并且匀称丰满、柔韧而富有弹性。肌肉的收缩使其对骨骼的牵拉作用增强，新陈代谢也得到了加强，骨骼组织的供血量增加（骨髓是人体主要造血处之一），因此骨质的形态、性能发生了良好的变化，提高了骨骼抗折、抗弯、抗压缩和抗扭转性。肌肉和骨骼的活动锻炼也使关节周围的关节囊和韧带得到锻炼，其韧性、灵活性不断增强。只要我们循序渐进，量力而行，常年坚持练习太极拳，就可以避免和减少中青年人的颈椎病、肩周炎、腰椎间盘突出等现代病。

（2）有利于腰部健康。

太极拳特别注意腰部活动，要求"以腰带脊"等。通过腰部锻炼，可增强肾功能，同时对脊髓神经及自主神经有良好的功能刺激，再加上腹肌和膈肌运动的配合，对腹内器官瘀血的消除和肠蠕动功能的改善尤有积极影响，对腰背疼痛的防治更有突出作用。

（3）改善视力。

练太极拳时是否精神贯注，主要表现在眼神上。俗语说："神聚于眼""眼为心之窗"。练拳时眼神要随着手的动作向前平视，动作变化时首先要意动，指挥眼神转向欲去的方向，然后身法、手法、步法跟上去，做到意到眼到、手到、足到，达到"形神合一"。这样的练法，不仅能使眼球神经得到锻炼，也有助于视力的改善和增强。

（4）减轻心脏负担。

坚持练习太极拳，不仅锻炼了肌肉、骨骼、关节，而且由于意念的作用使精神、肢体全面放松，使经络通畅、气血周流，各毛细血管开放，静脉、淋巴回流加速，从而减轻了心脏的负担。意守丹田、气沉丹田、丹田内转的练习形成了腹式呼吸，此种呼吸方式的形成，促进了血液循环，加强了心肌的营养作用，改善了心脏营养的过程，有助于心脏、血管和淋巴系统的健康。同时，由于练拳时身体重心的降低，增强了腿部血液循环，也起到了减轻心脏负担的作用。

二、太极拳运动锻炼指导——24式简化太极拳

1. 第一组动作

（1）起势　两脚开立，两臂体前平举至齐肩高，两膝稍屈，同时双手按掌，如图5-21所示。

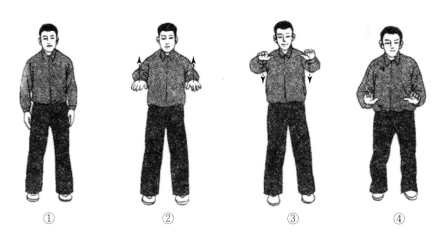

① ② ③ ④

图5-21　起势

（2）左右野马分鬃　抱手收脚，转体迈步，弓步分手；转体撤脚，抱

手收脚，转体迈步，弓步分手，如图5-22所示。

①　②　③　④

⑤　⑥　⑦　⑧

⑨　⑩　⑪　⑫　⑬

图5-22　左右野马分鬃

（3）白鹤亮翅　跟步抱手，臀部向后坐，同时转体，虚步分手，如图5-23所示。

2. 第二组动作

（1）左右搂膝拗步　腰、胯自然放松，肩下压，肘下垂，弓步推掌，如图5-24所示。

①　　　　　　　②　　　　　　　③

图5-23　白鹤亮翅

①　　　　②　　　　③　　　　④

⑤　　　　⑥　　　　⑦　　　　⑧

⑨　　⑩　　　⑪　　⑫　　⑬　　⑭　　⑮

图5-24　左右搂膝拗步

（2）手挥琵琶　跟步展臂，臀部后坐挑掌，虚步送手，如图5-25所示。

图5-25　手挥琵琶

（3）左右倒卷肱　转体撤手，膝上提同时屈臂，退步错手，虚步推掌，如图5-26所示。

图5-26　左右倒卷肱

3. 第三组动作

（1）左揽雀尾　转体撤手，抱手收脚，迈步分手，弓步掤臂，转体摆臂，转体后捋，转体搭手，弓步前挤，后坐收掌，弓步前按，如图5-27所示。

图5-27　左揽雀尾

（2）右揽雀尾　转体撤手，抱手收脚，迈步分手，弓步掤臂，转体摆臂，转体后捋，转体搭手，弓步前挤，后坐收掌，弓步前按，如图5-28所示。

图5-28　右揽雀尾

4. 第四组动作

（1）单鞭动作之一　转体摆臂，勾手收脚，转体迈步，弓步推掌，如图5-29所示。

图5-29　单鞭动作之一

（2）云手 转体扣脚，转体松勾，收步云手，开步云手，如图5-30所示。

图5-30 云手

（3）单鞭动作之二 转体勾手，转体迈步，弓步推掌，如图5-31所示。

图5-31 单鞭动作之二

5. 第五组动作

（1）高探马　跟步松手，臀部后坐并翻手，如图5-32所示。

图5-32　高探马

（2）右蹬脚　穿掌提脚，迈步翻手，分手弓腿，跟步合抱，提膝分手，分手蹬脚，如图5-33所示。

图5-33　右蹬脚

（3）双峰贯耳　屈膝落手，迈步分手，弓步贯拳，如图5-34所示。

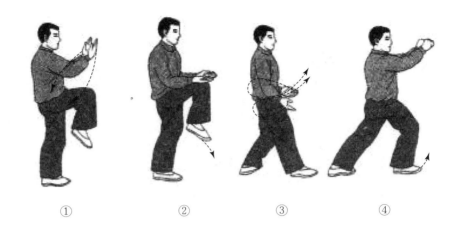

图5-34　双峰贯耳

（4）转身左蹬脚　转体分手，收脚合抱，提膝分手，分手蹬脚，如图5-35所示。

图5-35　转身左蹬脚

6. 第六组动作

（1）左下势独立　收脚勾手，屈膝开步，仆步穿掌，弓腿起身，独立挑掌，如图5-36所示。

①　　　　②　　　　③　　　　④

⑤　　　　⑥　　　　⑦

图5-36　左下势独立

（2）右下势独立　落脚勾手，屈膝开步，仆步穿掌，弓腿起身，独立挑掌，如图5-37所示。

①　　　　②　　　　③　　　　④

⑤　　　　⑥　　　　⑦

图5-37　右下势独立

7. 第七组动作

（1）左右穿梭　落脚转体，抱手收脚，迈步错手，弓步推架；转体撇脚，抱手收脚，迈步错手，弓步推架，如图5-38所示。

图5-38　左右穿梭

（2）海底针　跟步松手，臀部后坐手上提，虚步插掌，如图5-39所示。

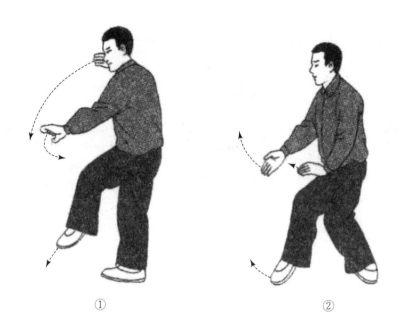

① ②

图5-39　海底针

（3）闪通臂　提手收脚，迈步分手，弓步推掌，如图5-40所示。

① ② ③

图5-40　闪通臂

8. 第八组动作

（1）转身搬拦捶　转体扣脚，坐身握拳，垫步搬拳，转体收拳，上步拦掌，弓步打拳，如图5-41所示。

图5-41　转身搬拦捶

（2）如封似闭　穿掌翻手，身体后坐并收掌，弓步按掌，如图5-42所示。

图5-42　如封似闭

（3）十字手 转身扣脚，弓腿分手，转体落手，收脚合抱，如图5-43所示。

①　　　　　②　　　　　③　　　　④

图5-43 十字手

（4）收势 翻掌分手，分手下落，双脚并立还原起始姿势，如图5-44所示。

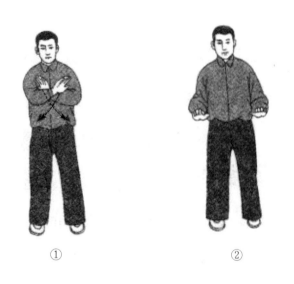

①　　　　　　　　②

图5-44 收势的动作

第六章

青少年运动锻炼的安全控制研究

第一节　青少年运动锻炼安全概述

运动量也称为运动负荷量，是人体在运动中所承受的生理负荷量。在运动处方的实施过程中，除了按照运动处方中设定的运动种类、运动强度、时间、间歇、重复次数等进行运动锻炼，还应该根据运动过程中和运动后的身体反应进行自我监测，以确保锻炼的安全性和有效性。

一、心率自我监测

首先要学会计算自己的目标心率（靶心率），并能熟练地测定自己的脉搏。常在手腕桡动脉处或耳前方颞浅动脉处用手指触扪动脉搏动次数，亦可把手放在左胸部，直接测心跳次数。通常用运动停止后即刻测得的10秒脉搏数乘以6作为运动时的心率。

还可以用晨脉判断疲劳程度，如果晨脉超过自己的基础值12次/分，则说明运动量过大。

二、主观强度感觉

主观强度感觉（RPE）判定法是被广泛应用的一种简易而有效的评价

运动量的方法，也是介于心理和生理之间的一种指标。可以说RPE的表现形式是心理的，但反映的却是生理功能的变化。

心率结合RPE值测试是最常用而简易的方法。将客观生理功能的变化与主观心理对运动的体验结合起来，可以避免单纯追求某一靶心率的盲目性。例如，某人的靶心率为150次/分时RPE值为13，而当患有轻度感染或工作劳累后，再以150次/分心率强度运动时会感到非常困难和吃力，RPE值会增加，与以前的主观感觉相比较，这可能是一种前期病理症状，在这样的情况下勉强保持靶心率运动将是十分危险的。而通过运用RPE值就正好避免了这种潜在危险的发生。由于体能承受强度具有可变性，所以通过主观感觉和客观生理指标相结合监控运动量较合适。

三、体重和食欲变化

除去参加以减肥为目的的运动者，体重应该维持相对的恒定，不应有太大的变化，尤其是未完全发育的青少年，伴随身高的增长，体重会有所增加，如体重明显地持续下降，则可能是运动量偏大，应及时减少运动量。一般认为，体重减少在0.5千克以内为身体情况良好。

运动者在参加运动后应能维持正常的膳食和良好的食欲，并在较大的运动量后适当增加食物摄入量以补充能耗。如果运动后食欲受到影响，出现吃不下饭的现象，则提示运动强度过大，机体不能适应，应降低负荷，循序渐进地逐步提高负荷。

四、运动健身的安全防护途径

1. 采取多元化预防措施

要加大对运动损伤安全防护的宣传和推广力度，确保运动人员都能具备应有的安全防护意识。在宣传推广过程中，要定期开展安全教育工作，针对相关方面的保健知识和自我防护要领技术等进行广泛深入的推行，特别是指导运动人员，要充分做好相应的准备工作，做好运动前的热身，确保身体各项技能都可以保持在高质量的运动状态，达到一种兴奋水平，这样才能更有效地进行运动，从而激发身体各方面功能，使其得到相应的训练。通过宣传以确保相关人员能对运动损伤安全防护在思想层面高度重视，在认知方面有效掌握，并在实践过程中努力执行。

要进一步引导运动人员具备应有的团队意识和集体意识，在实际运动过程中，要具备良好的互相帮助、团结向上精神，具备应有的道德精神和运动品质，并在运动过程中有效防范相关安全隐患，注重自我防护，如果出现紧急问题，也能充分掌握相应的应急处理措施，以此最大限度地避免或减少运动损伤的发生概率。

2. 增强运动技能

针对运动人员缺乏运动技能和方法的问题要高度关注，着重做好相关的引导和训练工作，特别是针对比较容易损伤的部位，要指导其加强练习，进一步增强身体的柔韧性和强度。在进行相关运动过程中，还要进一步提升运动人员的应变能力，针对容易出现损伤的环节，要着重做好自我防护工作，使其具备应有的自我防护意识和技能，并在日常生活中加强训练，提升身体素质，使自身的运动速度、协调性得到显著提升，这样才能更有效地增强自身的运动技能，进而有效规避或减少训练过程中可能出现的运动损伤。

3. 增强身体素质和自我保护能力

从具体情况来看，大部分运动损伤是运动人员自身的身体素质较差，不适合进行剧烈的体育运动而导致的，在这样的情况下，就需要从根源提升运动人员的身体素质，确保他们能够加强体育锻炼，在营养、运动以及心理调整等方面都要着重加强，以此充分提高身体素质，然后结合自身的实际情况选择相应的运动项目，这样才能从根本上规避各类风险因素或损伤问题。

此外，还要确保相关人员具备应有的身体素质和功能，同时加强自我防护，避免运动损伤，掌握正确的自我防护方式。比如，在体操运动中，很容易出现不同程度的拉伤情况，针对这样的问题，相关人员就需要在老师的引导下，有针对性地练习基本的保护动作，以此有效规避损伤问题的出现。同时针对运动过程中可能出现的错误姿势，也要及时有效地纠正和调整，还可针对性地讲解动作要领，指导运动人员掌握正确的运动姿势，以此避免运动过程中出现运动损伤情况。

4. 掌握科学的运动方法

健身者在平时的学习生活中要积极掌握科学可行的运动技术和方法，掌握相关的运动健康知识，充分掌握损伤的危害程度和应急处理办法等，这样才能在实际运动过程中更有效地把握相关科学规律和技术要点，进而为自我防护和损伤问题的规避提供必要条件。积极提倡体育运动道德风尚，树立正确的运动防范观念，遵守运动规则，同时在实际健身运动过程中还要充分贯彻落实体育运动的FIT监控、超负荷、循序渐进、专门性等基本原则。FIT是频率（frequency）、强度（intensity）和时间（time）的缩写，这也是人们进行体育运动和健身活动采取的基本监控原则。在增加运动负荷量过程中不能太快或太慢，应遵循循序渐进原则，合理安排运动负荷，这样才能充分规避运动损伤等相关问题。

在运动过程中还要掌握规范的动作技术，确保其符合运动生物力学工作原理，以此有效规避运动损伤。如果出现了不同程度的运动损伤也要具备应有的急救知识，采取切实可行的自我急救方法。

5. 进一步完善相关场地和器材

在全民健身活动中，健身者往往会因为场地或器材等方面存在一定的问题而出现运动损伤，在这样的情况下，就需要在活动前严格细致地检查活动场地和器材，使其符合运动要求，这样才能让健身者进行全方位的训练和运动。管理者也要针对各类器材和场地进行及时有效的维护和管理，做好替换维修工作，同时认真仔细检查体育场地、器材设备以及个人用具等，充分确保各方面的准备工作足够到位，在全部符合运动要求后才能进行健康安全的健身运动，进而呈现出应有的健身效果。

第二节　运动锻炼中常见的不良反应及应对措施

一、运动性腹痛

1. 概念

在非疾病的原因下，运动时出现不同程度的腹部疼痛的现象称为"运动性腹痛"。最常见的是发生在较长距离的跑步时。

2. 症状与处理方法

在体育教学和运动训练当中，经常会遇到学生出现腹痛的情况，一部分教师一般都是凭借以往自身的经验，一律做"岔气"处理，这种不做具体的分析和判断就盲目下结论的态度和做法是不科学的，甚至有可能对学生的健康造成严重的损害。

（1）不符合运动规律所造成的疼痛

① 肝脾充血　肝脾充血，也就是我们通常所说的"岔气"，原因是准备活动不够充分，开始运动时强度太大，内脏器官功能跟不上，使肝脾充血肿胀引起疼痛。另外，运动中不正确的呼吸方式也是引起肝脾充血造成疼痛的重要原因。

疼痛部位：多在右侧上腹部。

处理建议：减小运动速度，慢跑调整好呼吸与运动的节奏。

② 胃肠痉挛

原因：饭后运动过早，运动前吃得过饱，喝水过多或吃冷饮等，都会引起胃肠的痉挛。

疼痛部位：多在左侧中上腹部。

处理建议：降低跑速或用手按压疼痛部位弯腰慢跑一段距离。另外还可以用手按揉位于腕内侧横纹以下两指处的内关穴以缓解疼痛。

③ 腹直肌痉挛

原因：运动中大量出汗，体内盐分水平失去平衡，或者腹部所承受的运动负荷过大造成肌肉疲劳等也会引起痉挛。一般这种疼痛多发生在运动的中后期，用手触摸腹部时会感到腹直肌明显变硬，比较容易判断。

疼痛部位：腹部正中上下延伸成带状。

处理建议：上体后仰，用背伸动作拉伸腹直肌，或者让痛者仰卧，双手上举伸展身体并结合按摩效果也很好。

④髂腰肌拉伤　原因是准备活动不足或突然用力过大，造成左侧（右侧）髂腰肌拉伤从而引起腰腹痛。这种疼痛的特点一般具有突然性。

疼痛部位：左（右）下腹部

处理建议：暂停剧烈运动防止伤情加重，休息一段时间后可以用按摩等方法。

（2）腹部病变引起疼痛　这种情况比较复杂，如果不迅速做出正确的判断并采取相应的措施，很可能会发生严重的后果。比如突发的急性阑尾炎初期也表现为腹部肚脐周围疼痛，如果思想麻痹大意或缺乏这方面的医学知识，还按"岔气"来处理，其后果难以想象。因此多掌握一些医疗保健方面的常识，会减少不必要的麻烦。

处理建议：如果遇到学生腹痛，在采取了减小或停止运动后疼痛不减，甚至反而加重，又不能作出准确判断时，最好请校医或专业医师进行诊断治疗，以免延误病情。

一般认为，准备活动不充分是"运动性腹痛"的主要原因。大多由运动过于剧烈，内脏血管收缩、缺氧、新陈代谢产物的刺激，胆道平滑肌的痉挛性收缩，腔道过度膨胀及炎症的刺激等因素引起。

"运动性腹痛"的特点是：除腹痛外一般不伴随其他症状。多数安静时不痛，运动时才痛；疼痛程度与运动量大小和强度成正比。一般活动量小、强度低时疼痛不明显，负荷量加大时疼痛才逐渐加剧。

可采用减慢跑速、调整呼吸和运动节奏的方法，用手按压疼痛部位常有助于缓解疼痛。如果不能缓解症状，反而有所加重，应停止运动或到医院进行诊断和治疗。

二、肌肉酸痛

1. 概念

由运动而引起的肌肉酸痛一般可以分为急性肌肉酸痛和慢性肌肉酸痛（迟发性的肌肉酸痛）两种。急性肌肉酸痛有别于肌肉拉伤，可因肌肉的暂时性缺血造成，常伴随肌肉僵硬的现象。在肌肉做剧烈运动时才会发生，肌肉活动一结束经过简单的恢复措施不需治疗即可消失。有时肌肉酸痛不是立即发生在运动结束后，而是发生在运动结束后1～2天，称为延迟性肌肉酸痛。

2. 原因与症状

肌肉酸痛经常出现在进行一次运动量较大的运动，特别是肌肉力量练习后，或发生在刚开始参加体育锻炼对运动不够适应时。主要是运动时肌肉活动量大，引起局部肌纤维及结缔组织的细微损伤，以及部分肌纤维痉挛所致。由于只是肌纤维细微损伤和局部肌纤维痉挛，有酸痛感，但肌肉仍能完成其运动功能，酸痛后，经过肌肉内局部细微损伤的修复，肌肉组织变得更为强壮，随后同样负荷时不易再发生酸痛。

3. 处理方法

肌肉酸痛的处理方法主要有如下几点。

（1）休息　休息能减缓肌肉酸痛的现象，并可慢慢促进血液循环，能加速代谢产物的排出。

（2）伸展练习　静态伸展牵伸肌肉可加速肌肉的放松和拮抗肌的缓解，有助于痉挛肌肉的恢复。对酸痛局部进行静态牵张练习，保持伸展状态2分钟，然后休息1分钟，重复进行，每天做几次这种伸展练习有助缓解痉挛。对酸痛局部进行拍打按摩，使肌肉放松，促进肌肉血液循环，有助于损伤修复及痉挛缓解。当然也可以进行自我放松治疗，一般以颈背、四肢为主，头部和胸腹为辅，具体手法如下。

① 捶打腰背　双手握成空拳，轻捶肩背和腰部。也可以使用拍打棒依次交替拍打双肩、后背、腰部和下肢等部位。拍打时，注意背部宜轻，下肢可偏重。

② 推拿腿部　从上至下在大腿的前内侧及前外侧反复推拿。

③ 抖动双腿　站或坐位，腿部肌肉放松并抖动，同时可进行踝关节的上下左右环形活动。

④ 分推印堂　用双手拇指从印堂穴眉心向左右分推至太阳穴，反复8~10次，每次之间停顿5~10秒钟，然后五指分开，由前额发际推擦至百会穴5~6次，反复操作30次，每次间隔5~10秒钟。

⑤按揉胸腹　从上而下依次按揉前胸，反复20次；并从左至右环形推揉腹部，反复做20次，可以收到满意效果。

除此以外，采用热敷和按摩的方法，有助于肌肉放松，能促进酸痛部位的血液循环，有助于损伤组织的修复及痉挛、酸痛的缓解。进行柔和、适度的静力性拉伸练习，也有助于肌纤维的修复。

三、运动性肌肉痉挛

1. 概念

运动性肌肉痉挛（exercise-associated muscle cramps，EAMC）俗称"抽筋"，是指在运动中或运动后出现的骨骼肌疼痛、痉挛和不自主收缩。运动性肌肉痉挛经常发生在各类体育活动中，普通爱好者以游泳、足球、篮球居多，而运动员以铁人三项、马拉松等长时间、高强度运动为主。不论是运动员还是普通爱好者，大多都有运动性肌肉痉挛史。在运动性肌肉痉挛发生的部位中以小腿腓肠肌居多，其次是足底的拇展肌和小趾展肌，其他的还有股二头肌、腰背肌等。

当运动性肌肉痉挛发生时，局部肌肉坚硬或隆起，剧烈疼痛，而且不处理不易缓解，经常规处理即能缓解症状，痉挛所涉及的关节屈伸功能暂时受限，待缓解后局部仍有酸痛不适感。尽管运动性肌肉痉挛经常发生，但是由于其缓解较快且不影响日后运动生涯，许多人都不重视。另一方面，运动性肌肉痉挛的发病机制到目前仍不清楚，尽管近年来国内外对运动性肌肉痉挛的研究不断深入，但研究结果均不能完全说明其产生机制。

运动性肌肉痉挛是运动员及普通人经常会遇到的问题。对于运动员而言，运动性肌肉痉挛严重影响正常的训练、比赛，还可能造成运动员其他方面的损伤，在运动过程中一旦发生肌肉痉挛而不及时处理，日后易形成习惯性痉挛，如果运动员出现习惯性痉挛，会直接影响运动员的训练质量，使运动成绩下降，甚至缩短运动生涯，所以运动性肌肉痉挛一直困扰着运动员及教练员。同时，随着人民生活水平的提高，全民健身运动广泛普及，运动性肌肉痉挛同样困扰着普通体育爱好者。

2. 原因与症状

（1）电解质紊乱。

电解质对于维持肌肉的兴奋性有着重要的作用。长时间剧烈运动，或在高温环境下进行运动时，为了维持正常体温，机体会大量出汗，而在出汗过程中体内大量的电解质（如钠、钙、钾和镁等）从汗液中丢失，造成电解质紊乱。研究表明，人体每排汗1升，体内就丢失6克左右的氯化钠；排汗5升，电解质丢失量高达30克左右；而人体每天从饮食中可获得电解质10~15克，如不及时补充，就会造成体内电解质发生紊乱。钙是人体所需最多的一种元素，体内绝大部分的钙都存在于骨骼和牙齿之中，溶于血中的Ca^{2+}仅占体内钙总量的1%，但它的作用却十分重要。它能和镁、钾、钠等元素共同调节神经和肌肉的兴奋性，保持肌肉的正常功能，严重缺钙会引起肌肉痉挛。运动时，由于从汗中排出大量的钙，肌肉的收缩功能就会受到影响，因而容易发生痉挛现象。研究表明：汗液为低渗性液体，随汗液流失的主要有Na^+、K^+、Ca^{2+}和Mg^{2+}等，出汗的加快会使汗

液中 Na^+、Cl^- 浓度升高，K^+、Mg^{2+} 浓度基本不变，而 Ca^{2+} 浓度趋于下降。而电解质与肌肉的兴奋性有关，丢失过多会使渗透压发生变化，打乱钾钠平衡，从而引起肌肉兴奋性快速增高，导致细胞膜电位不停地改变，肌肉受到一连串的刺激而发生连续、不规则的强直收缩，最终导致肌肉痉挛。举重运动员为降低体重，进行桑拿浴，导致身体大量失水、失盐，当比赛时身体突然用力，则会发生肌肉痉挛。马拉松运动员在气温高的环境参加训练或比赛，全身大量出汗，若没能及时补充含盐饮料，也会发生小腿肌肉痉挛。

（2）肌肉损伤及缺血。

运动员在进行运动时或多或少会出现肌肉损伤，机体出现肌肉损伤后，Ca^{2+} 进入细胞膜内，肌细胞内的 Ca^{2+} 增高，使肌纤维收缩丧失控制（ Ca^{2+} 是肌肉收缩的启动因子），产生无效性收缩，从而引起局部肌肉的痉挛。另一方面，运动员在剧烈运动时常常会造成局部肌肉缺血，运动中细胞连续去极化，使细胞内 K^+ 流失过多，出现了血 K^+ 浓度升高，血 K^+ 浓度可参与调节神经、肌肉的兴奋性，运动过程中 K^+ 堆积到一定程度时，就会刺激肌肉内的痛觉神经末梢，引起疼痛，反射性地引起肌肉痉挛，痉挛进一步加剧了局部缺血，形成恶性循环。

（3）寒冷刺激。

外界环境寒冷、潮湿时，若没有做准备活动或准备活动不充分，训练或比赛前神经系统和其他各器官系统的功能尚未达到适宜水平，而运动员兴奋性比较高；训练、比赛间歇时间过长或身体保暖不好，这些都会造成热能供应不足，肌肉的黏滞性较大，生理惰性没有得到克服，机体还未完全进入工作状态，身体因突然参加受到寒冷的刺激，通过神经系统作用于肌肉，使肌肉兴奋性增高，造成肌肉强直性收缩而发生肌肉痉挛。在水温较低时游泳，受到冷水刺激或冬季在户外运动时受到冷空气刺激都有可能引起肌肉痉挛。

（4）代谢产物堆积。

在进行大强度、长时间的运动时，肌肉会过度疲劳，产生大量的代谢产物而不能及时排出，如 CO_2、乳酸、尿酸、肌酸等。这些代谢产物均为酸性物质，会使血液的pH值下降，人体的酸性环境进一步影响酶的活性，尤其是乙酰胆碱酯酶的活性，乙酰胆碱（Ach）的正常水解发生障碍，并导致Ach在肌肉中的堆积，Ach的堆积持续作用于神经肌肉接头突触后膜，并引起肌膜持久去极化而不能复极；肌细胞便停留于连续兴奋之中，缺乏收缩与舒张的正常交替，从而无法持续工作，表现为肌肉痉挛。特别是在局部肌肉过度疲劳状态下，再进行剧烈运动或做突然紧张用力的动作，更易引起肌肉痉挛。足球比赛到下半场时，经常会看到有运动员倒地，牵拉小腿，这就是发生了小腿腓肠肌痉挛。

（5）钙离子损伤。

骨骼肌细胞的许多重要的生理代谢活动都与肌细胞内钙离子浓度有关。研究认为，细胞及线粒体内钙的聚集程度与细胞损伤程度密切相关，线粒体内钙异常增加程度常作为细胞损伤指标之一。田野证实大鼠力竭性与非力竭性跑台运动后，线粒体钙含量显著增加。运动中当骨骼肌细胞受损伤时，Ca^{2+}内流增多，肌细胞内Ca^{2+}升高，使细胞处于钙超载状态下，Ca^{2+}是肌肉收缩的启动因子，从而使肌纤维收缩丧失控制，产生无效性收缩，从而引起局部肌肉痉挛。

总而言之，我们推测运动性肌肉痉挛的机制涉及多方面的因素，可能首先表现肌肉"收缩—放松"机制失调；运动训练或比赛中，运动量过大、排汗过多，进而造成体内电解质紊乱；肌肉组织的缺氧、缺血加重，造成细胞内外代谢产物堆积；某些代谢过程失调；再加上寒冷刺激，所以就出现了肌肉痉挛。因此可能无法用单纯某一种理论或假说来解释其发生机制，可以推断运动性肌肉痉挛是多种因素共同作用的结果。

3. 处理方法

运动性肌肉痉挛的处理方法分为物理疗法、运动疗法和药物疗法等，适用于普通体育运动中的运动性肌肉痉挛处理方法为物理疗法。物理疗法主要具有操作便捷、缓解症状快、副作用小的优势，但对于较为严重的运动性肌肉痉挛则略显不足。其主要处理方法有牵张、按摩疗法、冷疗与热疗。

（1）牵张　牵张主要是对运动性痉挛部位肌肉进行局部选择性牵张。牵张动作一般每次保持5~10s，重复10~20次。牵张动作是物理疗法中的主要处理方式。

（2）按摩疗法　按摩疗法是对运动性痉挛部位肌肉进行按摩，一般根据痉挛部位的不同采用推拿、按摩、揉捏、重力按压等方法进行处理。此外，利用中医穴位按摩也可有效缓解痉挛。按摩疗法是在牵张处理后进行的，对痉挛部位肌肉进行牵张能缓解疼痛，之后再采用按摩疗法可防止痉挛再次发生。

（3）冷疗与热疗　冷疗是应用比人体温度低的物理因子（冷水、冰）刺激治疗伤病的方法。对运动性痉挛部位肌肉进行冷敷，可降低肌肉张力，减轻肌肉局部充血，抑制感觉神经，缓解疼痛。热疗是应用比人体温度高的物理因子（传导热、辐射热）刺激治疗伤病的方法。对运动性痉挛部位肌肉进行中性温度热敷，可扩张局部血液和淋巴循环，加速代谢，降低神经元兴奋性，从而降低肌肉挛缩。冷疗与热疗仍需在完成牵张后进行，主要起到缓解疼痛与降低痉挛再次发生的作用。

4. 运动性肌肉痉挛的预防措施

（1）加强运动常识的学习。

在日常运动与体质测试中预防运动性肌肉痉挛，首先要明确运动规律，如运动前做好充分的准备活动，不仅是单纯地将机体调动至运动状态，还需将运动器官、内脏器官等参与运动代谢与供能的各器官的兴奋性调动起来。其次，在运动过程中可以摄入运动补剂或功能性饮品，这样可以保证水分与微量元素的补充，避免由于脱水或微量元素代谢加快造成的运动性肌肉痉挛。最后，做好运动后的放松，除利用普遍使用的肌肉按摩外，还可以做静力性拉伸，增强肌肉与韧带的韧性，防止肌肉挛缩。

（2）安排合理适宜的体育锻炼。

适宜的体育锻炼能提升机体的运动水平，反之则会造成运动损伤与身体功能紊乱。在日常体育锻炼中，需要对所要参加的体质测试有明确的认识，并对自身机体所能达到的运动水平有一定的了解。在掌握自身具体情况和所要参加的体质测试安排后，依据测试时间及个人时间安排，秉承运动能力提升的持续训练法则，确定每天参与体育锻炼的时间，并以体质测试成绩为样本，确定自身参与体育锻炼的负荷强度，最终达到体育锻炼与体质测试的目标，降低运动性肌肉痉挛与运动损伤的发生概率。测试训练负荷强度系数的表达方式为：测试（比赛）竞技强度÷日常训练强度＝训练负荷强度系数。

（3）注重营养补充。

运动性肌肉痉挛虽然是由运动外力导致的肌肉挛缩，但是产生机制却与身体营养摄入有密切关系。因此，机体营养摄入不充分或缺乏，都会在人体运动中加速反应，而运动性肌肉痉挛就是在运动过程中因机体刺激加速代谢必要的营养物质所致。运动性肌肉痉挛可以用离子补充、维生素E和葡萄糖酸钙等药物来缓解，在日常生活中可以适当地补充保健品类的复合维生素、蛋白粉，并配合多元饮食摄取足够的矿物质和电解质，如绿色蔬菜、香蕉、牛奶等，提升机体抵抗力。此外，合理的作息与适宜的体育锻炼能使个人精神状态饱满、心情愉悦，从而降低运动性肌肉痉挛的发生。

四、运动性中暑

1. 概念

中暑是指在高温和热辐射的长时间作用下，发生体温调节障碍，水、电解质代谢紊乱及神经系统功能受到损害的症状。根据发病机制和临床表现不同，通常将中暑分为热痉挛、热衰竭和热（日）射病。

运动性中暑通常指由于运动的原因大量产热，而造成运动者体内过热，发生的高热出汗或肤燥无汗、烦躁、口渴、神昏抽搐，或以呕吐腹痛为主要表现的疾病。此症多见于从事较长时间或较大运动强度的运动者。

运动性中暑是由高温环境引起的，是以体温调节中枢功能障碍、汗腺功能衰竭和水、电解质丢失过多为特点的疾病。常在高温、高湿和通风不良的环境中进行运动时发生。运动性中暑是近年来提出的运动性疾病之一。它与普通中暑不完全相同，是由运动时肌肉产生的热超过人体能散发的热而造成人体过热的状态，常见于年轻的马拉松运动者、铁人三项运动员和群众性体育锻炼者。

2. 原因与症状

在高温、高湿和通风不良的环境下进行较长时间或较大强度的运动是发生运动性中暑的主要原因。在高温环境下，如头部缺乏保护，被烈日直接照射时间过长，阳光中射线可穿透颅骨引起脑膜充血、水肿而发病。剧烈运动时，出汗过多，电解质代谢紊乱，如果不能及时补充电解质饮料，继续出汗，可导致脱水，血液浓缩，血液黏稠度增高，血容量不足，引起周围循环衰竭而发生中暑。

根据临床表现的轻重，运动性中暑可分为先兆中暑、轻症中暑和重症中暑，而它们之间的关系是渐进的。

中暑早期可有头痛、呕吐现象，逐步发展为体温升高，皮肤灼热干燥。严重者可出现虚脱、抽搐、心律失常、血压下降，甚至昏迷而危及生命。

3. 处理方法

① 应当迅速地把患者搬离高温场所，最好选择附近通风阴凉处，然后让患者平躺并解开衣服扣子，同时让其双脚抬高，这样有利于增加患者脑部的血液供应，同时起到散热的作用。

② 对患者进行物理降温。用冷毛巾捂住患者额头，有条件的情况下，还可以用冷水擦拭全身，然后用扇子或者电风扇吹风，以加速散热。但要注意适度，以免造成患者感冒。注意不要过快给患者降温，当患者体温降至38℃以下的时候，就要停止吹风、洒冷水等强制性降温方法。

③ 补充水分。若患者清醒，应为其补充含盐分或小苏打的清凉饮料。注意不可大量补充水分，不然会引起腹痛、呕吐和恶心等不适症状。不宜

饮用咖啡或酒精类饮料。

④ 服用药物。如果患者中暑情况比较轻微，则没有必要到医院进行治疗。除了给中暑者喝一些淡盐水以及让其休息降温之外，也可以根据情况的不同，让中暑者吃一些药物进行治疗。一般情况下，可以在中暑者的太阳穴涂抹上风油精或者是清凉油，也可以让中暑者喝藿香正气水或者十滴水，效果都不错。

⑤ 住院治疗。如果情况严重，需送医院急救，包括降温、心脏监护、输液，必要时透析，采用4℃水浴，同时摩擦皮肤降温效果最好。

4. 预防运动中暑的方法

（1）锻炼要避开高温时间。

当外界气温发生变化的时候，我们的身体会"启动"体温调节功能来适应外界的温度变化，但是当气温超过35℃时，就会影响人体的体温调节功能。如果选择户外健身的话，可以选择在一天中相对凉爽的时间进行，比如可以在早上7点之前或者下午6点以后。

（2）合理选择运动装备。

由于夏季温度湿度相对高，锻炼时应选择轻便、宽松、吸汗性好的衣服，比如速干衣。一般速干衣的干燥速度比棉织物要快50%，其特殊的质地可以将汗水和湿气迅速导离皮肤表面，保持皮肤干爽舒适。如果选择户外运动，最好再戴上太阳帽、涂抹防晒霜来防止紫外线的侵袭，并带上清凉油、人丹等治疗中暑的药物以备中暑时用。

（3）合理选择运动项目。

最理想的夏季锻炼项目是水中运动——游泳，具有健身和避暑两不误的功效。另外，有许多力量训练方法可以在家做，如俯卧撑、仰卧起坐、深蹲等。

（4）合理选择运动场所

高温天气尽量选择在通风条件良好、有空调设备的室内进行锻炼。要避免到人多、车多、建筑多的地方做运动。同时，衣服要精简宽松，使空气自如地接触身体，并尽量增大接触面积，便于体热及时散发。

（5）注意适时补水。

运动前半小时至少要喝200毫升的水。运动中要及时补水，尤其是大量出汗时，可以喝一些运动饮料。一般运动饮料中水分含量在90%左右，糖分含量8% ~ 12%，无机盐含量为1.6%左右，维生素的含量为0.2%左右。这些成分与人体体液相似，饮用后能更迅速地被身体吸收，及时补充人体因大量运动出汗所损失的水分和电解质，使体液达到平衡状态。

（6）合理安排运动量。

一般来说，炎热环境下，不宜进行过长时间或过于剧烈的运动。尤其是喜欢马拉松的长跑者、户外极限运动者更要特别注意，应当提前了解运动所在地的气候环境情况、场地特点以及对体能的要求，做好预防和应对意外的各种准备。

（7）要保障充分的饮食和休息。

夏季，人们一般胃口不太好，因此要吃些容易消化和吸收的食物，保证足够的能量储备，以抵御暑热，还要注意体能恢复。夏天日长夜短，加之气温高、人体代谢较快，很容易睡眠不足，进而造成精神萎靡，容易诱发中暑，因此运动前要保证睡好睡足，以增加身体抵抗力，保持良好的精神状态。

第三节　运动锻炼中常见的损伤及救治措施

一、运动损伤的定义

运动损伤是指人们在体育锻炼活动中因为各种各样的意外或者不注意而发生的各式各样的损伤。运动损伤的发生与个体的身体素质、训练内容、项目特点、外部环境等因素有关。

二、运动损伤的分类

人们在体育锻炼中遇到的运动损伤非常多：不同部位的运动损伤，不同类型的运动损伤，不同组织结构的运动损伤等。由于种类繁多，为了能更好地进行分类，让人们能更加清晰地了解运动损伤，根据不同的特点将运动损伤进行了以下分类。

1. 按损伤的组织结构分类

按损伤的组织结构分类分为皮肤损伤、肌腱损伤、骨及骨骺损伤、关节软骨损伤、血管损伤、内脏损伤等。

2. 按损伤的病程分类

按损伤的病程分类分为急性损伤和慢性损伤。

急性损伤指的是人体受到直接或者间接的外力一次作用而发生的损伤，伤后症状出现迅速，病程一般较短。

慢性损伤指的是伤者之前因为锻炼发生的损伤没有完全恢复或伤后处理不妥当而导致伤情反复发作；或是由于锻炼者过度锻炼某一部位而导致局部负荷过大，长期的高负荷锻炼使得该部位超出身体的承受能力从而发生局部劳损。慢性损伤症状出现的速度比较缓慢，往往是积劳成疾，需要很长时间才能够得到恢复。

3. 按损伤的性质分类

按损伤的性质分类分为开放性损伤和闭合性损伤。开放性损伤是指当发生损伤或伤害后，受伤地方皮肤的完整性遭到破坏，黏膜组织受到破坏，有伤口与体表外界相通，如擦伤、撕裂伤及开放性骨折等；闭合性损伤是指发生损伤后，受伤部位的皮肤或者黏膜的完整性没有被破坏，没有伤口与体表相通，如肌肉拉伤、挫伤、闭合性骨折等。

4. 按损伤的程度分类

按损伤的程度分类分为轻度损伤、中度损伤和重度损伤。轻度损伤是指锻炼者在伤后仍然能够按照原有的计划参加体育锻炼；中度损伤是指伤后不能进行正常的训练计划，患部需要停止活动，加强休息，但可以适当地做一些小幅度的活动；重度损伤是指受伤后不能进行训练，需要入院治疗或者静养。

5. 按训练与运动技术的关系分类

按训练与运动技术的关系分类分为运动技术损伤和非运动技术损伤。运动技术损伤是指与人们所从事的运动项目和技战术动作密切相关的损伤；非运动技术损伤多为运动中的发生的意外损伤。

三、运动损伤产生的原因

1. 思想上不够重视

运动损伤的发生，往往与体育教师、教练员和体育锻炼者对预防运动损伤的认识不足或者不够重视有关。他们大多存在着某些片面认识，如平时不重视安全教育；在体育教学、运动训练和比赛中没有积极采取各种有效的预防措施；发生运动损伤后不能够及时认真分析其原因，使运动损伤事故不断发生。

2. 缺乏合理的准备活动

准备活动的目的是提高中枢神经系统的兴奋性，增强各器官系统的活动功能，使人体从相对静止的状态过渡到紧张的运动状态。根据相关调查资料分析，缺乏准备活动或者准备活动不合理，是造成运动损伤的主要原因。在准备活动中存在的问题大概有以下几点。

① 没有准备活动或准备活动不够充分。如在神经系统和其他器官各系统的功能活动还没有动员起来的情况下，就投入紧张而剧烈的体育运

动。由于肌肉的力量、弹性和伸展性较差，身体缺乏必要的协调性，因此容易造成运动损伤。

② 准备活动的内容与正式运动的内容结合得不好或缺乏专项准备活动。运动中负担较重的身体部位的功能没有得到充分改善，因休息而消退的条件反射性联系尚未恢复。

③ 准备活动的量过大。身体已经出现疲劳，参与体育运动时，身体的功能运动水平不是处于最佳状态而是有下降趋势，因此，参加剧烈运动就容易受伤。

④ 准备活动的强度安排不合理。开始做准备活动时，用力过猛，速度过快，违背了循序渐进的原则和功能活动的规律，容易造成肌肉拉伤或关节扭伤。

⑤ 准备活动距离正式运动的时间过长。准备活动对生理所产生的作用已经减弱或消失，则相当于准备活动不充分或没有做准备活动。

3. 运动负荷过大

安排运动负荷时，没有充分考虑到锻炼者的生理特点，运动负荷超过了锻炼者可以承受的生理负担量，尤其是局部负担过大，引起细微损伤的积累而导致劳损，这是在专项训练中造成运动损伤的主要原因。

在大、中学校的体育课或学校体育队的训练中，同样也存在着局部负担量过大的问题。

如果一节体育课的几项内容搭配不合理，对人体某一部位有较大的负担量时，或者在运动训练时急于求成，训练方法单一，都会引起局部负担量过大而造成运动损伤。

4. 技术上的错误

技术上的错误，违背了人体结构功能的特点以及运动时的力学原理而造成损伤，这是初期参与运动训练的人或学习新动作时发生运动损伤的主要原因。例如，做前滚翻时，由于头部偏斜而引起颈部扭伤；排球运动中传接球时，因手形不正确而引起手指扭挫伤；在投掷铅球时，在上臂外展、屈肘的错误姿势下出手，会引起肩臂肌肉拉伤，甚至会发生肱骨骨折等。

5. 身体和心理状态不佳

在休息不好、患病受伤或伤病初愈阶段以及疲劳时，肌肉力量、动作的准确性和身体的协调性显著下降，警觉性和注意力减弱，反应不够灵敏，此时参与剧烈运动或练习较难的动作则可能会发生运动损伤。

锻炼者的心理状态与运动损伤的发生有着密切的关系，如果处于心情不好、情绪低落、急躁、缺乏锻炼的积极性、急于求成、胆怯犹豫等状态，都可能导致运动损伤的发生。有些青少年缺乏锻炼经验和知识，好胜心强，好奇心大，盲目或冒失地参加体育运动，也容易导致运动损伤的发生。

6. 动作粗野或违反规则

在比赛中不遵守比赛规则，或者在体育教学、运动训练中相互嬉闹、动作粗野、恶意犯规等，这些是在球类运动中发生运动损伤的重要原因。

7. 组织方法不当

在教学训练中，不遵守循序渐进和个别对待的原则，以及比赛的年龄分组原则；在组织方法方面，如果学生人数过多，教师又缺乏标准的示范和耐心细致的教导，学生缺乏保护和自我保护意识；在非投掷区练习投掷或任意穿越投掷区、组织纪律性较差；比赛日程安排不合理、比赛场地和时间随便更改；允许生病或身体不合格的人参加比赛等，这些都可能成为发生运动损伤的原因。

8. 场地设备的不完善

运动场地不平，有小碎石或杂物；跑道太硬或太滑；沙坑太硬或有小石块，坑沿高出地面，踏跳板与地面不等高；器械维护不良或多年未修，表面不光滑或有裂缝；器械安装不够牢固或者放置位置不妥当；器械的高低、大小或重量不符合锻炼者的年龄、性别特点，缺乏必要的保护工具（如护踝、护腕、护腰等）；运动时的服装和鞋袜不符合运动卫生要求等，都可能造成运动损伤。

9. 不良气候的影响

气温过高容易引起疲劳和中暑；气温过低则容易引起冻伤，或由于肌肉僵硬，身体协调性降低而导致肌肉韧带拉伤；潮湿高热会导致大量出汗，从而发生肌肉痉挛或虚脱；光线不足，可见度差，则影响视力，使兴奋性降低和反应迟钝而导致运动时发生损伤。

四、常见运动损伤的急救

运动损伤急救的目的在于当伤者突发意外或者出现伤病时，能够进行有效的临时性处理，保护伤者免受二次伤害，防止伤口污染，并为伤者下一步的治疗创造更好的条件。急救主要是针对急性运动损伤的，而慢性运动损伤属于疲劳性损伤，不在急救之列，就不在此讨论。急性运动损伤根据皮肤和黏膜是否完整是否破裂而又分为开放性运动损伤和闭合性运动损伤。

1. 开放性损伤的急救

开放性损伤是指在运动锻炼时发生损伤或伤害后，受伤地方皮肤的完整性遭到破坏，黏膜组织受到破坏，有伤口与体表外界相通。常见的开放性损伤主要有擦伤、撕裂伤及开放性骨折等。开放性损伤先期的急救措施是非常重要的，如果先期急救处理不妥当，一是会影响后期的治疗，二是很容易导致伤口感染引起发炎等其他的并发症。

（1）擦伤的急救处理　擦伤是在比赛或者运动中由于自己的不注意或者是他人的推搡摔倒在地致使皮肤受到摩擦导致皮肤破损或者出血。

一般表现为明显的擦痕、出血、皮肤破损等。这类运动损伤在平时的锻炼中非常容易出现，如篮球、足球等高对抗性的项目，也会发生在跑步等项目中。

若擦伤不严重、伤口面积小，只需用生理盐水清洗创口即可；擦伤创面较大较脏有渗血时，应先用生理盐水清洗，再用碘伏、碘酊或紫药水处理，但面部的擦伤一般不用紫药水，另外伤口处一般也不要用酒精直接擦拭；如果擦伤面积特别大，在经过简单的清洗包扎后应送到医院进行进一步的处理。

（2）撕裂伤的急救处理　撕裂伤是由于摩擦或者剪切力导致表皮与真皮层发生分离。撕裂伤多发生于头部，眉弓、面部、额部较为常见，如篮球运动中眉弓遭到碰撞导致眉弓开裂。一般表现为皮肤开裂、出血，常见于篮球、足球等运动项目。

如果伤口小，且流血少，在经过消毒清洗后，用创可贴黏合即可；如果伤口较大且流血不止，如眉弓开裂等情况则应该在受伤现场用干净的纸巾捂住伤口送至医院进行止血消毒和缝合，必要时要注射抗菌药物以免引起炎症。

（3）开放性骨折的急救处理　开放性骨折是指由于高强度的对抗或者意外情况，使骨与骨小梁之间的连续性发生断裂，骨折断端刺破皮肤与外界相通暴露在体外。一般表现为骨端暴露体表、出血，严重时伤者会出现休克。在平时锻炼中发生骨折的概率不会很大，尤其是开放性骨折，但是由于伤者发生骨折后到送至医院期间的急救对后期治疗尤为关键，因此我们就对骨折的急救处理做个简单的介绍。

发生开放性骨折后，应立即让伤者停止活动，将伤者置于安稳的位置，以便接下来的治疗；开放性骨折一般伴有出血，应根据伤者的部位选择合适的止血方法，待止血完后清洗伤口进行包扎；用夹板或者树枝等物品固定伤肢；经过初步处理后应尽快将伤者送至医院进行下一步的治疗。

骨折发生后，患处立即出现肿胀，皮下淤血，有剧烈疼痛（活动时加剧），肢体失去正常功能，肌肉产生痉挛，有时骨折部位发生变形。严重骨折时，伴有出血和神经损伤、发烧、口渴，直至休克等全身症状。

发生骨折时，现场急救方法如下。

① 以抢救生命为主，若患者休克，首先通过保温措施进行抗休克处理，并想办法迅速给患者输血。如果大血管出血，立即用止血带止血。

② 如果骨折端已经戳出伤口，不要马上复位，以免使创口被感染，应先对骨折断端的污物进行清理，再复位。

③ 骨折急救处理中，骨折部位的临时固定非常重要，不同部位的固定方法如下。

前臂骨折的临时固定方法如图6-1所示。

①有夹板固定法　　　　　　　　②无夹板固定法

图6-1　前臂骨折的临时固定方法

肱骨中段骨折的临时固定方法如图6-2所示。

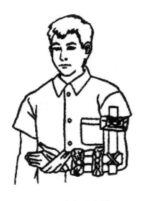

①有夹板固定法　　　　　　　　②无夹板固定法

图6-2　肱骨中段骨折的临时固定方法

　　小腿骨折的临时固定方法如图6-3所示。

图6-3　小腿骨折的临时固定方法

　　股骨骨折的临时固定方法如图6-4所示。

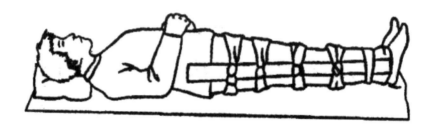

图6-4　股骨骨折的临时固定方法

2. 闭合性损伤的急救

　　闭合性损伤是指当发生损伤后，受伤部位的皮肤或者黏膜的完整性没有被破坏，没有伤口与体表相通。常见的闭合性损伤主要有肌肉拉伤、挫伤、急性腰扭伤、脑震荡、踝关节韧带损伤等。而这类损伤不像开放性损伤，它的伤口是不与外界相通的，有很多东西是看不到的，如皮下是否出血，肌肉肌腱是否断裂，受伤程度如何，这些都不得而知。因此熟练掌握急救措施，对伤者及时得到救治、消除疼痛和医师对病情正确判断处理都有重要的意义。

　　（1）肌肉拉伤的急救处理　肌肉拉伤是指由于肌肉的猛烈收缩或被动牵伸超过了肌肉本身所能承担的限度，而引起的肌肉组织损伤。一般表现为拉伤部位疼痛、肿胀、皮下出血。常见于篮球、网球、羽毛球等项目。

若肌肉微细损伤或少量肌纤维断裂时，局部有疼痛、肿胀等现象，应立即冷敷、加压包扎、抬高患肢等，疼痛严重者，可口服止痛药。在24个小时后，外敷新伤药，痛点注射，理疗或按摩等。肌纤维大部分断裂或肌肉完全断裂者，应立即对受伤部位进行加压包扎，固定肢体，然后立即送往医院，到医院后根据实际情况看是否需要手术治疗。

（2）挫伤的急救处理　挫伤是指人们在运动中由于冲撞、对抗等动作在人体的局部或深层引起的软组织损伤。挫伤可发生的部位有很多，如肌肉、韧带、肌腱、筋膜等。一般表现为肿胀、疼痛、功能障碍等。它在各项运动中都有可能发生。

受伤后应按照RICE原则进行处理，RICE即Rest（休息）、Ice（冷敷）、Compression（加压包扎）、Elevation（抬高伤肢）；可外敷内服活血消肿的药物，以便于恢复；受伤24～48小时以后，可以进行按摩、针灸和理疗等治疗手段；如果长时间得不到好转，就应该去医院进行进一步检查。

（3）急性腰扭伤的急救处理　急性腰扭伤是指由于腰部肌肉、筋膜、韧带等软组织因外力作用突然受到过度牵拉而引起的急性撕裂伤，通常发生于腰部肌肉突然发力或者搬起重物时。一般表现为腰部持续性疼痛、肿胀、活动受限等。多发生于网球、羽毛球等运动项目中。

在发生扭伤的初期，将腰部尽量固定，避免伤者扭动对腰部产生二次伤害，仰卧躺在带有垫子的木板床上静养，腰部垫上一个薄枕头用来放松腰部；在发生扭伤的后期，扭伤程度较轻的休息48～72小时，扭伤程度较重的需要休息1周左右。发生扭伤后48小时后可进行穴位按摩。可外敷止痛膏，内服止痛药，进行拔罐、针灸或者理疗；如果疼痛得不到好转就应该去医院接受更专业全面的治疗。

（4）脑震荡的急救处理　脑震荡是脑损伤中最轻的一种急性闭合性损伤。常常由于激烈的对抗使头部遭受撞击而发生。一般表现为受伤者出现短暂的意识障碍。常见于篮球、足球等高对抗性运动项目。

当发生这类损伤时，应立即让伤者平躺保持安静，不要乱动；如果出现昏迷的情况可以掐按伤者的人中穴，并及时送至医院接受进一步治疗，切记在送伤者的途中，要保持伤者头部固定，避免晃动。

（5）踝关节韧带损伤的急救处理　由于踝关节承受了人体大部分的重量，而且人的腓骨略长于胫骨，当人行走于不平整的地面时容易崴脚发生扭伤，严重的会引起韧带损伤甚至撕裂。踝关节扭伤和韧带损伤占踝和足部损伤的30%以上，在各项运动中都占有很高的发生率。一般表现为受伤部位压痛、行动受限、肿胀疼痛等。

在发生损伤后，应立即用RICE原则进行处理；用拇指按压痛点，做踝关节内翻或外翻试验以便了解韧带是不是完全断裂。

五、常见运动损伤的原因与预防措施

1. 常见运动损伤发生的原因

① 准备活动不充分。有很多人在锻炼时不注意热身活动或者只是敷衍地活动一下就开始了其他的锻炼，这样特别容易引起损伤的发生。

② 思想上不够重视。有人在锻炼中思想上没有足够重视运动损伤，会觉得自己身体素质好，这样的人往往因为麻痹大意而很容易受伤。

③ 技术动作错误。技术动作的不规范往往是造成运动损伤的主要原因。

④ 运动负荷过大。由于现在人们工作忙，能抽时间出来运动一次很不容易，所以运动时间就会比较长甚至到了力竭的程度。这样下去往往会带来不同程度的运动损伤。

⑤ 场地设备的缺陷。随着体育事业的大力发展，越来越多的场地设施对外开放，但是使用的人多了而缺少维护的专业人员，导致场地年久失修存在安全隐患，在人们锻炼中很容易发生事故导致运动损伤的出现。

⑥ 天气的影响。在夏季高温和冬季寒冷的情况下锻炼很容易发生运动损伤。

2. 常见运动损伤的预防措施

对以上常见运动损伤产生的原因进行分析，有针对性地做出以下的预防措施，就能大大降低运动损伤发生的概率，从而更好地享受运动享受生活。

（1）做好准备活动和放松活动。

人体从静止状态到运动状态是有一个过渡时期的，而准备活动就是这个过渡时期。人们通过准备活动来提高自己中枢神经的兴奋性，同时又慢慢增强自己身体各器官的代谢水平，避免了从静止状态突然升高。所以说不管是什么运动，准备活动是必不可少的，它保证人们在接下来的锻炼中获得更好的体验。国内很多的调查结果表明，运动前缺乏科学的准备活动或者准备活动不充足是发生运动损伤的首位或第二位的原因。而在人们运动结束后，肌肉仍处于紧张状态，此时一定要进行放松。这样不仅能加快疲劳的消除，同时也能在很大程度上避免运动损伤。

（2）技术动作上要做到准确无误。

动作技术的不规范或者错误，会违背人体的正常生理构造以及力学原理，如果不及时改正就会导致运动损伤的发生。所以在参加运动健身的初期，学习新的动作技术时不要过于心急，要循序渐进，保证动作的正确性和稳定性，以免运动损伤的发生。

（3）安排合适的运动负荷。

在运动中我们要根据自身的能力来安排适量的运动负荷。人与人是不一样的，有的人承受不了大的运动负荷，否则就会导致运动损伤的发生。凡事都要区别对待，采取循序渐进的方法和原则，一定不要急于求成。

（4）加强安全意识与道德教育。

体育锻炼中发生运动损伤，有很大的原因是锻炼者在思想上认识不足，所以人们在锻炼时应该有安全意识，要认识到运动是具有一定风险性的，要主动采取相应的预防措施，同时增加对运动损伤等有关知识的储备。运动时要做到佩戴护具，穿着合适的服装运动。如果自己之前已经有伤病，就一定要完全恢复后再进行锻炼。而每一名运动爱好者都要有体育道德精神，要做到尊重比赛规则，尊重每一名对手，在进行对抗性运动中不要有小动作、脏动作，无论自己是处于进攻位置还是防守位置，在保护自己的同时也要尽力保护对手，不要有粗野的动作和行为。

（5）选择安全性高的场地设施。

由于众多的体育运动场所是对外免费开放的，因而缺乏资金，导致器械面临无人维护的境地，地面常年风吹日晒导致开裂不平整，器械安放不牢固或者缺乏必要的防护用具，都给运动损伤带来了潜在的危险因素。

（6）选择合适的天气。

当人们在夏天运动时，由于天气炎热，温度过高，非常容易导致疲劳和中暑；而在冬天运动时由于天气寒冷，温度过低，从而容易导致肌肉黏滞性增加，身体僵硬，发生肌肉韧带拉伤；当人们在潮湿高热的环境中锻炼时则容易引起大量出汗，导致电解质大量流失从而引起肌肉痉挛、脱水或者虚脱；当人们在夜晚或者光照不足的环境中运动时，由于场地的能见度低，影响视觉，使得神经系统兴奋性下降，导致行动变得迟缓而容易受伤。

（7）全面提高自身的身体素质。

加强自身素质的锻炼，增加身体对抗的能力。人们在运动中大多数的损伤集中在踝关节、指关节、膝关节等部位，多以扭伤、拉伤为主，所以要加强自身比较容易受伤部位的锻炼，同时在日常运动中要多学习基础的运动保健及生理知识，熟练掌握一些最基本的有关损伤的处理方法。

参考文献

[1]丁小燕.青少年体育与健康素养理论与实践研究[M].南昌：江西高校出版社，2019.

[2]瞿昶.体育教育与健康研究[M].沈阳：沈阳出版社，2020.

[3]刘满.体育强国视域下青少年体质健康的综合干预研究[M].长春：吉林大学出版社，2019.

[4]胡亮.青少年体质健康促进政策研究[M].杭州：浙江大学出版社，2019.

[5]韩伟.青少年体质健康监控与管理研究[M].长春：吉林科学技术出版社，2019.

[6]丁霞.学生体育锻炼与户外运动[M].长春：吉林人民出版社，2020.

[7]张仁炳，缪锋，徐俊.大学生健康促进2030[M].杭州：浙江大学出版社，2018.

[8]叶心明.营养与健康促进[M].上海：华东理工大学出版社，2021.

[9]刘鹤.生命与健康[M].长春：吉林科学技术出版社，2020.

[10]林文弢，黄治官.青少年生长发育与体育锻炼[M].北京：科学出版社，2020.

[11]方展画.心理健康[M].杭州：浙江教育出版社，2017.

[12]于勇.运动锻炼与健身研究[M].北京：九州出版社，2018.

[13]贾腊江.大学生健康促进与健康教育[M].西安：陕西科学技术出版社，2018.

[14]陈旭.体育锻炼与青少年健康促进[M].北京：光明日报出版社，2017.

[15]王德刚.基础教育学生体质健康监测与促进[M].北京：北京体育大学出版社，2018.

[16]张金铭.体质健康测评的基本理论与方法研究[M].北京：中国水利水电出版社，2018.

[17]涂春景.体质健康理论与实践研究[M].长春：吉林人民出版社，2017.

[18]彭莉，毛永明.运动干预学生体质健康的理论与实践[M].重庆：西南师范大学出版社，2017.

[19]刘敏.大学生体质健康与科学锻炼[M].上海：同济大学出版社，2017.

[20]邱娟.体育锻炼的生理学原理与运动处方研究[M].北京：中国书籍出版社，2016.

[21]金宗强，赵培军，姜卫芬."阳光体育运动"锻炼过程中运动负荷的实时监测与实效性评价[M].天津：天津大学出版社，2016.

[22]刘志敏.促进体育强国与全民健身运动协调发展战略研究[M].北京：北京体育大学出版社，2014.

[23]李建臣，任保国.青少年体能锻炼与体质健康[M].北京：化学工业出版社，2014.

[24]谭思洁，王健，郭玉兰.青少年运动健康促进导论[M].北京：知识产权出版社，2012.

[25]孙庆祝，郝文亭，洪峰.体育测量与评价[M].2版.北京：高等教育出版社，2010.

[26]张钧，张蕴琨.运动营养学[M].北京：高等教育出版社，2010.

[27]张绍礼.青少年体质健康干预的研究[M].沈阳：东北大学出版社，2012.

[28]张枝梅，冯明新.球类运动[M].北京：化学工业出版社，2012.

[29]邹克扬，贾敏.运动医学[M].北京：北京师范大学出版社，2010.

[30]黄敬亭.健康教育学[M].上海：复旦大学出版社，2006.

[31]吕姿之.健康教育与健康促进[M].2版.北京：北京大学医学出版社，2002.

[32]王健.健康教育[M].北京：高等教育出版社，2006.

[33]吴旭光.体育·健康促进·安全[M].北京：地震出版社，2007.

[34]杨翼，李章华.运动性疲劳与防治[M].北京：北京体育大学出版社，2008.

[35]杨忠伟.体育运动与健康促进[M].北京：高等教育出版社，2004.

[36]王智慧.体育强国的评价体系与实现路径研究[D].北京：北京体育大学，2014.

[37]倪艳秋.青少年体质健康现状及干预对策研究[D].烟台：鲁东大学，2013.

[38]张颐.青少年体质状况的客观影响因素及对策研究[D].苏州：苏州大学，2016.

[39]党权.我国青少年体质健康促进政策历史变迁研究[D].南京：南京师范大学，2014.

[40]冯晓玲.我国青少年身体素质下降的成因分析与对策研究[D].北京：北京体育大学，2012.

[41]刘彦，杨金丽.从体育"本质内涵"审视"体育强国"战略目标构建[J].山东体育科技，2014，36(06)：9-12.

[42]周丛改.体育强国目标下青少年体质健康促进机制探讨[J].成都体育学院学报，2011，37(06)：33-36.

[43]于洋.实现体育强国战略目标的基本问题探讨[J].运动，2014 (14)：3-4.

[44]梁枢，路燕.论我国的体育强国战略及其模型构建[J].吉林体育学院学报，2013，29(03)：6-10.

[45]毛亚杰.大学生健康教育[M].北京：北京理工大学出版社，2014.

[46]钟燕.儿童青少年的躯体发育特征与营养需求[J].中国儿童保健杂志，2014，22 (11)：1124-1125 + 1129.

[47]夏青.中小学体育教学现状及发展对策的研究[J].科技资讯，2018，16(06)：247-248 + 250.

[48]张青.论家庭教育与青少年健康成长[J].现代教育科学，2012 (12)：20-22.

[49]林秀春.家庭体育促进青少年学生体质健康的策略研究[J].武夷学院学报，2011(05)：84-88.

[50]顾美芹.论家庭教育对青少年体质健康的介入[J].科教文汇（下旬刊），2008(12)：58，71.

[51]陈玉忠.关于我国青少年体质健康问题的若干社会学思考[J].中国体育科技，2007(06)：83-90.

[52]郭艳花，史岩，张永红，等.青少年体育锻炼瓶颈问题及其对策研究[J].湖北体育科技，2017，36 (10)：922-924＋935.

[53]鲍明晓，我国青少年体育事业发展现状[J].山东体育学院学报，2012(4)：1-8.

[54]江新华.健康中国视域下青少年体质健康与促进研究[J].青少年体育，2017(11)：111-112.

[55]肖林鹏.我国青少年体育需求问题的理论思考[J].西安体育学院学报，2012(3)：257-261.

[56]杨桦.深化"阳光体育运动"，促进青少年体质健康[J].北京体育大学学报，2011(1)：1-4.

[57]张青.论家庭教育与青少年健康成长[J].现代教育科学，2012(6)：20-22.

[58]杨文.体育与健康[M].成都：电子科技大学出版社，2020.

[59]李春艳.健康管理与健康促进[M].武汉：武汉大学出版社，2019.

[60]上海市虹口区营养师协会.营养与健康[M].上海：上海教育出版社，2019.

[61]李曙刚.我国青少年体质问题分析与提高路径研究[M].北京：中国水利水电出版社，2019

[62]王旭光.我国青少年儿童体质健康管理体系研究[M].北京：北京体育大学出版社，2013.

[63]尤洋，王海燕，史海鹏.学生体质测量评价与SPSS操作[M].北京：中国出版集团世界图书出版公司，2013.

[64]史晓琳.高中学生运动性肌肉痉挛136例分析[J].中国学校卫生,2004,25(1):14.

[65]陈立新.谈谈运动中肌肉痉挛的原因以及处理与预防[J].科技信息,2012(36):88-89.

[66]沈坚.中医综合疗法治疗运动性肌肉痉挛的临床研究[D].杭州：浙江中医药大学，2015.

[67]黄晓林.肌肉痉挛的机制及治疗方法[J].科学大众:科学教育，2008(2):120-143.

[68]徐永权，朱小军.中西医结合治疗腓肠肌痉挛32例[J].陕西中医，2003,24(3):215-215.

[69]李德敏.浅谈防止运动性疲劳的预防和恢复[J].体育世界:学术版，2015(10):134-135.

[70]刘体伟，李世昌.肌肉痉挛发生机制的探讨[J].辽宁体有科技，2006,28(4):24-25.